新版

関口・初等ドイツ語講座

BAND 1

上巻

Deutsch
für
Anfänger

関口存男 著　関口一郎 改訂

三修社

CD トラック対応表

目　次

序　　言

この講座には，2, 3 の，非常にハッキリした特徴があって，その点をはっきりと断っておくことが，この書によって勉強される人達のためでもあり，また著者自身の弁護にもなると思います。というのは，著者自身にしてからが，この講座以外に，『新ドイツ語大講座』というのを出しており，その上おまけに月刊雑誌『基礎ドイツ語』というのを主宰しており，その他，著者の関係しない他の多くの講座に至っては数限りなく世間に並んでいるでしょうから，この間にあってこの講座がどんな所に特徴をもっており，どんな所が他とちがうかを，はっきりと申しあげておくことは，非常に必要な気がします。

1 冊物の入門書とは違う。――簡単にまとめた 1 冊の入門書は, 数えられないほどたくさん出ていますが，正直に批評すると，そんなものはみんな子供だましです。1 冊になっていると，定価も安く，早くカンタンにドイツ語がわかるような錯覚が生ずるものだから，その錯覚を利用して大勢に買わせようというのが狙いで，つまり「商策」です。現に商売人にきくと，良い悪いに関係なく，3 冊物よりは 1 冊物の方がよく売れるそうです。実は私自身も，本屋にせがまれて，そうした商策の線へ引きずり込まれて，1 冊物の『やさしいドイツ語』というのを出したことがあります。出したことはありますが，結局はマア商策の線で踊っている，という気しかしませんでした。もっとも，広い世間には，あんな程度の「取っつき易い」本でないと歯の立たない程度の人達が大勢いるのでしょうから，あれはあれでもよいのだとは思いますが，しかし，本当は，1 冊物などで 1 つの語学の基礎が得られるものではありません。1 冊物というのは，極端にいえば，つまりちょっと食いついて見てすぐまた止してしまう人達にピントを合わせてアレンジしたものです。本当に物にしようとする人は，どうせまた別な本を買ってやり直さなければならないのです。その中間に立って，ちょっとお客に無駄使いをさせて儲けようというのが，これがすなわち 1 冊にまとめた単行本の入門書です。――ところが, 数として見ると, ちょっと食いついて見て直ぐ止してしまう人達が圧倒的に多い。だから，そういう人達をあて込んだ簡単な本が一番よく売れる。本屋の方でも，そうした心理をよく心得ているから，そうした簡単な本の場合には，だいいち著者も内容もへったくれもあったものではない，何でもよいから，標題と装幀とだけ食いつき易くて，パリッとした本で，キュッとした帯をかけて，やさしいドイツ語とか，わかるドイツ語とか，あなたのドイツ語とか，ドイツ語 3 週間とか（ドイツ語が 3 週間でわかる･･･えらいことですな･･･），おしまいにはドイツ語 3 日とか･･･

これはまだ見かけないようだが，本当をいうと『三日坊主のドイツ語』とか『すぐ止すためのドイツ語』とか『買わされるためのドイツ語』とかいう題にするといちばん実状にピッタリするでしょう。

少し正直な事を言いすぎたかも知れませんが，こういうことを言わないと，この3冊物の講座の存在権がはっきりしないから，毒舌はまあお許し下さい。しかし事実は何といっても事実です。

百貨店式な賑やかな講座ではない。——講座には，まるで雑誌みたいな賑やかなのが多い。（これからは，3冊，4冊物の他の講座に対する防衛です）会話があったり，文学があったり，作文があったり，絵があったり，写真があったり，ドイツの紹介があったり，落語や一口話があったり，特売部があったり，喫茶店があったり，名店街があったり，そして絶えずジャズの音が流れている･･･

あれも商策です。ああしておくとバカが大勢寄って来るのです。

はっきり言いますが，バカは百貨店の方へ行っていただきたい。この講座は横丁のひっそりした老舗です。主人が少し封建的で気がむつかしいのが欠点といえば欠点ですが，そうかといって別に無愛想な顔をした覚えはありません。一定の手がたい客が一定数出入りする。品物は，種類はたくさんないが，質においては百貨店などとは比較すらして頂きたくない。考える所があって考える所の物を考える所の人に売っており，考える所の人には理解されている。方針と家風は古びた金文字看板とノレンに書いてある通りで，それ以上山気を出すこともなければ，その代り節を変えることもない。

但し——お里が露天商人なので，こんなに老舗になっても，今もって品（ヒン）は少しわるい。だいいち，学者ともあろうものが，こんな調子で商売の話にまで口を出すというのが，これがつまり，やはりお里です。その代り個性ははっきりしている。はっきりばかりではない，しっかりしています。

この点によくピントを合わせて頂かないと，この単調な，地味な，名店街も何もないヒッソリした3冊物の講座は，或いはお客様の反感を買わないとも限りません。すくなくとも，見当はずれの批評を受けるおそれがあります。

一貫した系統の訓練講座である。——まず本講座の特徴を端的に一口でいえば，終始一貫した1つの力強い線に沿って行われる基礎訓練です。具体的にいえば，『文法』の基礎を習熟させる。それだけです。それ以外には何の副目的もない。その代り，文法の基礎を叩き込むという点では，考え得る限り最も有効な方法を取っています。

3巻をペラペラとめくって見ればすぐわかりますが，面白そうな読物1つ挿入されていず，会話も出てこなければ，文学の話もなく，詩1つ出ていない。

初めからおしまいまで，音楽の方でいえば「練習曲」に相当する，単純な例文ばかりで，たまに何か面白い漫談みたいなものがあると，それも実は既習の文法を別な方角から眺め直すための合理的な講座にすぎない。文法，文法，文法・・・はじめっからおしまいまで文法ばかりです。

語学を物にする方法として，こんな理屈っぽい行き方でよいのでしょうか？　もっと雑多な，趣味の要素が必要なのではないでしょうか？

この非難には相当根拠があります。なるほど，その通りです。外国語は数学とはちがって，理屈ばかりではだめです。文法がすべてではありません。文法さえ知っていれば読める，書ける，しゃべれる，というわけではありません。

しかし，それは要するに，基礎ができてから後に起ってくる問題です。初めてドイツ語をやる人の場合には，問題は全然別です。まだ何も知らない人をつかまえて，ドイツ文学の話をして見たり，会話の手ほどきをしたり，ひどいのになると発声学とかいって，口や喉の図を挿入して怪しげな解剖学に時の移るのを忘れさせたりする・・・私をして言わせるならば「冗談じゃない!」の1言に尽きます。

ほんとうに初めてドイツ語をやり出す人をつかまえて，一時もはやく見当がつくようにしてやるにはどうしたらいいか？　それは，すぐに ABCD の字を叩き込み，次に語の発音をおしえ，発音がわかったら（不完全でもよろしい!）次にはすぐに，男とか女とか子供とか家とか本とか木とか道とか，「置く」とか「見る」とか「行く」とか「眠る」とかいった四，五百の基礎単語を何度も何度も繰りかえしながら，それらの結合法(すなわち文法!!)を叩き込むことです。すなわち，右も見ず，左も見ず，馬車馬的に文法の一筋道を引っぱって行くことです。

面白いとか面白くないとかいうことは問題にならない。面白ければついて来る，面白くないとついて来ない，といったような人達は，それはどうせ駄目な連中だから，ほったらかしておけばよい。またそんな連中に悪口を言われれば著者としてこれほど光栄なことはない。（褒められちゃあやり切れませんがね・・・）

文法の一本路を引っぱって行かれると，もちろん半年後，或いは1年後には，多少いや気がさしてくるでしょう。文法がすべてではない，という事がその時に至ってわかり出します。だから，早くそういう事がわかり出して頂きたい。これが私の念願です。そういう事が早くわかり出すためにはどうしたらよいか？　それには只1つの方法しかありません。それは・・・まず文法の一本路を直進することです。

文法の一本路!――ところでさて，その文法の一本路というのに，多少の問題があります。すなわち，その一本路を，サッと自動車で通らせるのと，テクテクと歩かせるのと，この2つの行き方があるのです。前者は行き方に非ずしてむしろ「飛ばせ方」でしょう。後者がほんとうの「行き方」です。前者をタクシー法と呼ぶとすれば，後者はテクシー法とでも呼びますか。ここに非常に問題があるのです。

遊覧バスで文法の一本道を疾駆しながら，「右に見えるのが冠詞でございます！　der, des, dem, den と変化致します！　左に見えるのが動詞でございます！　ここからは陰になってよく見えませんが，四，五百年前の過去分詞というのが残っておりまして･･･」･･･これは，さきに述べた素人だましの簡単な入門書の方に任せておきましょう。病人やお年寄りはこの方法が最もよろしい。

テクシー法はちがいます。この方は，まず足の訓練です。実際歩かせるのが目的です。

だから，同じような例題を幾つも幾つもやらせて，まるでピアノの授業のように，指が軽く動くようにならなければ次へは進ませない。「単調だ!」なんて不平をいったら「馬鹿野郎!」と言ってどなりつける。バレーの訓練もこういう風でしょう。算盤の練習もこの通りでしょう，タイプライターだって同じことです。習字もそうです。水泳も，野球も，ボクシングも，スポーツはすべてそうでしょう。ただ，これらはすべて肉体の筋肉と神経を訓練する。語学は（ことに書物の上でやる時には）頭の中の筋肉，大脳の筋肉を訓練する。この点だけの相違です。

大脳の筋肉というやつは，いったいどういう風にして訓練するか？　それは「考えつつ習熟し，習熟しつつ考える」の1言に尽きます。

これをドイツ語の場合にあてはめると，具体的にいってどういう風な具合になるか?——本講座のような具合になります！

単語の統制。——文法の一本路を力強くグイグイと引っぱって行くためには，最初からあんまりたくさんの単語が無統制に飛び出してきてはいけない。ことに，非常に特殊な単語が出てきたり，現在の進度では完全にわかる筈のない微妙な言い回しなどがたくさん用いられるというと，何だか割り切れない感じが生じて，そのために学習者は本問題に関係のない色々な事に頭を使うことになり，力強く押し進めるべきはずの文法が押し進められなくなってしまいます。

ところが，単語をある分量に限定し，しかもそれらをすべて「家」とか「書物」とか「眠る」とか「書く」とかいった程度の，今後の基礎になるような本当の基本的な単語に限定するということは，口で言うとなんでもないが，実際問題としては非常にむつかしくなってくるのです。それはなぜかというと，たくさんの例題を課して，訓練，訓練，訓練と，訓練一点張りでやっていかんがためには，実際その例題を作る者の立場になって見ると，とても若干の初歩単語だけでは追っつかなくなるのです。

つまり，問題はこうです：　単語を合理的に統制すると猛訓練が不可能になる，猛訓練を実施しようとすると単語の量が多くもなり質もむつかしくなって，実際としてよほど例外的な記憶力ある勉強家でなければついてこれなくなる。

果せるかな，たいていの語学講座は，この困難に面して，どちらかを採って他を犠牲にしてしまっています。単語の数や質がよく初歩の人の頭に合うようになっている本には，訓練の部がちっとも出てこない。例題の多い，練習本位の入門書では，すべて単語が無統制で，初心者は（本当について行こうとすれば）すぐアゴを出してしまうようになっている。幸いにして誰も馬鹿正直に覚えてついて行かないから，小言をいう者もないが，小言をいう者が無いということが，それがとりも直さず頭から敬遠されてしまって，全然本気に相手にされていないという何よりの証拠です。

本講座の最後の特色は，この矛盾を解決している点にあります。すなわち，家とか海とか書くとか行くとかいった程度の最も初歩的な単語を，ある一定の消化時間を見積りながら，少量ずつ課し，しかも，その少量の単語を用いて，すぐ多くの例文を読ませ，文法の猛訓練を以て大脳の筋肉を発達させていくのです。すると，必然的に，同じ単語が何度も何度も出てくることになり，同じ単語が何度も出てくるということは，特に単語帳などを作って単語暗記をしなくても単語が覚えられていくということになります。その結果は，同時にまた，しばらくの間は他のあらゆる努力を軽減しつつ文法の一本路を軽快に（上滑りするのではなくて）順調に，1歩1歩と踏みかためて行くということになるのです。

これを要するに：——およそ，語学のみとは限らず，ある専門に入らんとする人達を，独力で飛び回るように指導する時の要領は，飛行機の滑走路を作るに似たものがあります。まず坦々たる1本の道を設けてやらなければ尻があがるものではない。まず当人の機体に，調子に乗った速度と勢とが生じなければ宙に浮くものではない。速度と勢とは何によって生ずるか？　まず第1の条件は，本人自身が爆音勇ましくスタートを切ることですが，第2の条件は，道がまっすぐであることと，地上に凸凹がないことです。本講座は，文法の一本路という方針によって道をまっすぐにし，単語の制限という処置によって地上の凸凹を一掃したのです。

次には，本人の頭の良さ，すなわち飛行機の重量ということが問題になってくる。頭の良い軽い飛行機は短い滑走路でよろしいが，悪い重いのは相当長くないと飛べない。本講座の長さは，相当重い，重爆撃機か100人乗りのジェット旅客機ぐらいなところにピントが合わせてあります。

長くのびた，単調な，滑らかな一本路——本講座に長所があるとすればここにあります。短所もここにあるでしょう。

短所なき長所はない筈だから，短所だけはやむを得ません。ねがわくば速やかに空中に浮かんで短所を笑い給わん事を！

1956年7月8日

関　口　存　男

改　訂　の　序

三修社より『初等ドイツ語講座』の大幅な改訂をしてみないかとの話をいただいた時にまず考えたのは，祖父存男(つぎお)没後20年余りの時がすぎ，ドイツ語教育界も教育法などの面で日進月歩の変化をとげ，諸先生方の手による新しい試みの参考書が次々と出版されている現在，本書をどの程度まで改訂したらよいものだろうかということでした。また，存男の批判している1巻本の参考書についても，昔とはかなり状況が違ってきているように思われます。

これまでにも本書を相変らず学生に推薦して下さる先生方からは，これからも学生にすすめたいのだが，現在のままでは推薦しにくくなってきているとの声を何度か耳にしておりました。また，新しい例文や単語をたくさん用いた参考書とは別に，基礎単語を用いて文法の細目に至るまで詳しく理解させ，文法の学習をとおしてドイツ人の思考形態そのものについてまで考えさせようとする本書のような参考書は，日本人のドイツ語学習者のためには現在でも必要であるとの意見も諸先生方から頂きました。私自身本書を再読し，存男の文法解釈及び「序文」で述べている本書の方針は現在でも妥当なものであり，祖父が存命していたとしたなら，現在でも同じような入門書を書いただろうと思い，次のような基本的方針のもとに改訂の仕事に着手したわけです。

改訂の対象とした主なものは，日本語の表記，仮名による発音表記，ドイツ語の例文とその日本語訳です。日本語については存男の文体を損わぬように注意する一方，現代日本語としては耳なれぬ表現をなおし，漢字と送り仮名についても現代表記にあらためました。発音の仮名表記については原則として存男の主宰していた月刊ドイツ語雑誌『基礎ドイツ語』の現在の仮名表記方針に従いました。ドイツ語の例文については Knabe, Soldat をそれぞれ Junge, Student に変えるなどの単語の入れ換えの他に、若い人にはなじみにくいような文例は大幅に書きかえました。しかし存男が意図して挙げた人生論的な内容の文例についてはあまり手を加えることはしませんでした。また——これが改訂の一番困難な点でもありましたが——多くの例文には詳細な〔注〕があり，それが本書の特徴のひとつということもあって，〔注〕にはあまり手を加えずに例文だけを既出の単語を用いて注に合うように書きかえる作業も行なわなければなりませんでした。

文法の説明についてはなるべく手を加えない方針でしたが，現代ドイツ語という点から読者にとって不要，又は誤解を与える恐れがあると思われる項目をいくつか書き変えたり削除したりし，文法用語も大学の教室で現に多くの先生方が使われているものに近づけました。

旧版の「発音」の部の単語はドイツ字体を中心に書かれてありましたが，ラテン字体だけにし，ドイツ字体の読み方は上巻の巻末にまとめて掲載しました。

全体として祖父存男の意図したものを少しでも損わぬよう，しかも今の若い読者にもついて行けるようにという幾分ぜいたくな希望を持った改訂でしたが，至らぬ点も多々あるかとも思いますので，お気づきの事などがありましたらお知らせいただければ幸いと存じます。

最後になりましたが，校正の段階で本書を丹念にお読みいただき，貴重な御助言を下さった慶應義塾大学教授の鐵野善資先生に心からお礼を申し上げたいと思います。旧版については Wolfgang Bechstein 氏，校正刷りについては Hajo Knaup 氏にドイツ語の例文に目を通していただきました。又，西靖洋さん，藤田真一さん，星野敦子さんを初め，校正にご協力いただいた方々など，三修社の全面的な協力のおかげで出版にこぎつけることができました。この場をかりてお礼を申し上げます。

1982年1月15日

関 口 一 郎

字体について

猛訓練の第1日として，まず字体とアルファベートを覚えてもらわなければなりません。

ドイツ語の字体には，ちょうど日本語の仮名に平仮名と片仮名の2種があるように，ドイツ文字 (𝔞 𝔟 𝔠 𝔡 𝔢 𝔣 𝔤 𝔥 𝔦 𝔧 𝔨 𝔩 𝔪 𝔫 𝔬 𝔭 𝔮 𝔯 ſ 𝔱 𝔲 𝔳 𝔴 𝔵 𝔶 𝔷 ß 𝔠𝔥 𝔠𝔨 𝔱𝔷) とラテン文字 (a b c d e f . . . 等) との2種があります。

しばらく前までは，ドイツ古来のドイツ文字の方が多く用いられていましたが，現在では，特殊な場合を除いては，英語やフランス語と同じラテン文字しか使われなくなりました。それで，本講座では，(ことに根本方針の文法一路という線と，地面の凸凹をできるだけ少なくするという主義の線に沿って) 英語などと同じラテン文字の方を用いて行きます。

ただ，ドイツ文字を全然知らないでは，ドイツ本国で発行される書の中にはドイツ字体のものもあるかもしれませんし，図書館の蔵書にはドイツ字体の古書も多いので，皆さんの専門によっては一大支障を来たすことにもなります。それで，ドイツ字体の読み方に関して注意する点を巻末にまとめておきました。

では，次の頁の表をよく見て，まず印刷の活字の段をよく覚えましょう。筆記体の方はまあ後廻しです。

それから，字母アー，ベー，ツェー等々の名をよく覚えること！ a をアー，b をベーというのは，これは「名」であって「発音」ではありません。発音はまた少し具合がちがってくるので，字母が覚えられた後のことになります。

ドイツ文字の字母は，主なものは 26，それに合成字が 4 加わって 30 文字です。ラテン文字の字母は，26 の上へ ß が 1 つ加わって，合計 27 字です。

この他に変母音と呼ばれる Ä(ä), Ö(ö), Ü(ü) が加わりますが，これについては「発音」の部で言及します。

Das Alphabet

ラテン文字 (活字体)	ラテン文字 (筆記体)	ドイツ文字 (活字体)	字名
A a	*A a*	𝔄 𝔞	アー
B b	*B b*	𝔅 𝔟	ベー
C c	*C c*	ℭ 𝔠	ツェー
D d	*D d*	𝔇 𝔡	デー
E e	*E e*	𝔈 𝔢	エー
F f	*F f*	𝔉 𝔣	エフ
G g	*G g*	𝔊 𝔤	ゲー
H h	*H h*	ℌ 𝔥	ハー
I i	*I i*	ℑ 𝔦	イー
J j	*J j*	𝔍 𝔧	ヨット
K k	*K k*	𝔎 𝔨	カー
L l	*L l*	𝔏 𝔩	エル
M m	*M m*	𝔐 𝔪	エム
N n	*N n*	𝔑 𝔫	エン

字　　母 (アルファベート)

ラテン文字 (活字体)		ラテン文字 (筆記体)		ドイツ文字 (活字体)		字　名
O	o	O	o	𝔒	𝔬	オー
P	p	P	p	𝔓	𝔭	ペー
Q	q	Q	q	𝔔	𝔮	クー
R	r	R	r	ℜ	𝔯	エル
S	s	S	s	𝔖	𝔰, ſ	エス
T	t	T	t	𝔗	𝔱	テー
U	u	U	u	𝔘	𝔲	ウー
V	v	V	v	𝔙	𝔳	ファオ
W	w	W	w	𝔚	𝔴	ヴェー
X	x	X	x	𝔛	𝔵	イックス
Y	y	Y	y	𝔜	𝔶	ユプシロン
Z	z	Z	z	ℨ	𝔷	ツェット
	ß		ß		ß	エスツェット

最後のß「エスツェット」は，いわば最後の第27字目の新字母として，新たにドイツ語をはじめられる皆さんには非常に重要です。これは，元来SとZとの結合した形ですからSZと書いてもよさそうなものですが，実際としてはドイツ文字のßに似たßというのが用いられます。タイプライターでも，ドイツ語配列や，英独仏語の打てるユニヴァーサル配列のタイプライターには必ずこれがあります。書くときにはßは：

ß または ß

と書きます，たとえばKuß「接吻」(発音は [クス]) は：

Kuß または Kuß

となります。

それから，活字でßが無いときとか，タイプライターにßが無いときにはどうするかというと，ßを名の通りSZとほどかないで，SSとするのが一般の習慣ですから，これは特におぼえておきましょう。すなわちKußはKussと書くのです。その他ßのことは発音のところでまた述べます。

発音の部

進行上の注意

ただいまままでは字の名前の話。これからいよいよ，字と字とが結びついて語をなす話。

まず，どう発音するか？これが大問題です。まだまだ意味どころの騒ぎではありません。この発音の部には，数多くの単語が出て来ますが，それらはべつに全部暗記せよというのではなく，単に発音を説明するための手段にすぎません。しかし，自然に覚えられるものは10でも20でも覚えていけば，あとで助かります。

とにかく，まだ意味の事を心配するよりも，むしろ発音だけに注意をそそいでこの部を隅から隅まで頭に入れて下さい。

あらかじめ心得ておくべきことがら

書物の上で発音をやろうというのですから，一応或る種の約束を作っておく必要があります。本書では，終始一貫して,系統立った仮名を用いて行きます。その仮名を実際どう発音するかということは，この発音の部において，個々の文字を説明すると同時に述べていきますから，ご面倒でも，仮名の機能そのものにもまた多少の注意を払っていただきたいと思います。

幸いな事には，英語やフランス語にくらべると，ドイツ語の発音は非常に容易で，仮名を頼りに覚えても，結構ドイツ人と話ができるのです。まだ1度もドイツ人と話をした経験のない人ですら，仮名で覚えたドイツ語の発音をそのまま振り回せば，たとえば万国音標文字で厳密に発音を習った人などとくらべて，結果においては何の差も生じません。

たとえば Regen [**レ**ーゲン]「雨」を仮名のまま発音してごらんなさい。その際 [**レー**] を，太文字（アクセントのあるところはすべて太文字を使います）に従って，音程を上げて，他の片仮名よりも多少強く発音することを怠りさえしなければ，それで，もう立派なドイツ語の発音で，ドイツ人自身といえども決してそれ以外のむずかしい発音はしていない，ということがいずれはわかって参ります。

もう1つ，こんどは少しやっかいな場合を例に引いて見ましょう。Schnee「雪」は，英語の *snow* に相当する語で，[シュ**ネー**] と発音しますが，この場合にはちょっと手心が必要です。すなわち，シュとあるのは，[ュ] がごく小さく [シ] の下について一文字をなしているのでもわかる通り，たとえば「強(し)ゆ」という時のように，シとユとを別々に発音するのではなくて,「朱」を発音するのと同様に発音するのです。——ところが，本当の発音は，朱ともまた多少ちがっている。どこがちがっているかというに，「朱」という際には，これをドイツ語式に表わすと Schu です。すなわち純粋に子音ばかりの Sch ではなくて，その上に u という母音がついています。けれども，そう細かいところまでは仮名では表わせない。また，発音の初歩を書物で習う人たちが，そう細かいところまで心配しだした日には際限がありません。そんなやっかいなことは，いずれまた先へ行って，ドイツ人の発音を直接聞くような機会でも生じた時に，また改めて注意して訂正した方がよいでしょう。そんな事を，書物の上で，そもそもの出発点からやかましく説いたり説かれたりする著者や読者があったとすれば，それは両方とも低能児の寄り合いで，著者も彼が何を教えなければならないかを忘れており，読者も彼が何を習うべきかを忘れている，と言わなければなりますまい。

もっとも，教室で教えるとき，テレビやラジオの放送で教える時は，また話が少しちがってきます。その際には，そうした微妙なところが真正面から堂々と問題になってくる。今のべているのは，あくまでも書物の上で勉強する際の話ですから，勘ちがいのないようにねがいます。語学の方には百聞は一見に如かざることと，百見は一聞に如かざることとの，2種類の事柄があるのです。

Schnee [シュネー] についてもう1つ注意をしておきます。本書は，とにかく仮名をたどってほぼ正しい発音に達せしめることを主眼にしたものですから，「仮名そのものから出立したアクセント」というものをハッキリと示して，とにかく示された仮名の通りに日本語流に読んで行けばよろしいようになっています。Schnee をもしドイツ語そのものの方を尊重して，やかましく考えるとしたら，シュネーのネを太文字にしたのは誤りだともいえましょう。それは，やかましくいうと Schnee は「一綴(つづり)語」であって，一綴語はその一綴そのものにアクセントがあるのだから，その一綴の中のどこが強いか，どこが弱いか，なんてことは，元来は問題にならないはずなんです。

ところが，「綴」なんてことのよくわからない初学者に向って，ほぼドイツ人の発音に近いような発音をさせようという時には，方法がおのずから違ってこなければならない。[シュネー] と並べたきりでは，人によるとシュの方を強く読むかも知れない。それどころか，毎年毎年1年生を教えていると，[シュネー] というヘンな抑揚の発音を度々聞かされるのです。――要するに，たとえ単綴であるにしろ何にしろ，とにかく Schnee のように複雑な長いものになれば，どうしてもそれを正しく発音させることに努力せざるを得なくなります。だから Schnee はやはり [シュネー] とネを太文字にして，仮名より外になにも知らない人にも正しく発音できるようにしておきましょう。つまり「朱寧」と同じように，ただし寧の方を強く高音程に読んで下さればよいのです。

では Schn . . . の際には必ずシュネとかシュナとかシュノとかになるか?――そうです，その通りです。そういう荒っぽいことの方を早く一通り覚えましょう。つまり，仮名でやっても万国音標文字でやっても，結局同じ結果になるような種類の事の方をはやく頭に入れましょう。

朱寧といいましたが，考えてみると寧を [ネイ] と読まれると大変だからちょっと断わっておきます。英語には [エイ] (*a*) とか，[オウ] (*o*) とかいう音がありますが，ドイツ語ではすべて [エー] (e) [オー] (o) で，その後へ小さな［イ］や［ウ］をひびかせるのは厳禁です。

音標文字というものがあるのに，どうして用いないのか？

要するに発音の要旨は，そうした荒っぽいところにあるのです。いやに細かな，いかにも西洋人らしい，通がった微妙なことを皆さんに教えようというのではないのです。Schnee はスクネー（少ねえ!）やスネー（脛）でない，またシュネイと「イ」をひびかせてはいけない，などといった，ごく荒っぽいところを正しくつかんでいただくためです。

して見れば，音標文字を用いようと，仮名を用いようと，同じことじゃありませんか？ 音標文字も約束の記号にすぎない，仮名も約束の記号にすぎない。英語の *cat* を［キャット］(Kyatto) と，t を to のように発音する人なら，音標文字の t だってやはり仮名の［ト］と同じに発音するでしょう。ファンのファが発音できないで「不安」という人なら，音標の fan だってやはりそう読むでしょう。正確という点では，音標の方が仮名にまさる事もあり，仮名が音標にまさることもあり，一得一失です。

そこで，やはり滑走路の凸凹を1つでも少なくするために，仮名の方を用いることにいたします。

母音の発音

基礎母音　a i u e o

基礎になる母音は，日本語のアイウエオと同様，5音あります。読み方はローマ字の通りです。

早速次の例語を仮名通りに発音してみて下さい。母音の前後に付く子音，すなわち m, t, d, b, h 等の発音は，しばらくの間は，ローマ字と同じように発音するものだけを用います。Schnee「雪」の sch だけはすでに紹介ずみだから使いますが，それに類した，ローマ字とちがった発音をする複雑なものは，母音をやる間だけは用いないでおきます。それから，母音の a i u e o は，[ア，イ，ウ，エ，オ] の場合と，[アー，イー，ウー，エー，オー] と長綴になる場合とがありますが，これは一般的規則としては又改めて述べますから，当分は仮名を信じて，まず感じで会得するようにして下さい。力点（アクセント）の問題も同様です。

a [ア] または [アー]

Gas	**ガー**ス	ガス
Gras	グ**ラー**ス	草
Tat	**ター**ト	行為
Scham	**シャー**ム	はじらい
Aal	**アー**ル	うなぎ
Haar	**ハー**ル	髪の毛
Paar	**パー**ル	一対

Hahn	ハーン	おんどり（雄鶏）
Draht	ドラート	針金
Mann	マン	男
Mast	マスト	マスト，帆柱
Markt	マルクト	市場
Bank	バンク	ベンチ，銀行

母音の長短の見分けかた

以上の例を眺めながら，ドイツ語特有の発音の法則を少しばかり研究しておきましょう。まず一番苦労をするのは，母音の長短の問題です。すなわち，ただ今の場合なら，a を［ア］と読むか［アー］と読むかという問題です。この問題は簡単に以下のように覚えておいて下さい。

たとえば Gas［ガース］を例に取ってみましょう。英語にもこの通りの *gas* という語がありますが，英語の方では［ギャス］と短く発音します。ところがドイツ語は［ガース］と，ga- の部を長く引いて発音します。これは特に注意を要します。Tat でも，英語流で行けば正に［タット］とでもやりそうな場合です。この点に特に注意していただきたい。この Gas, Gras, Tat 及び Scham［シャーム］に共通な特徴は，a の次に，各々「1個の子音しかない」という点です。それは，Mann［マン］とか Mast［マスト］とかいう場合のように -nn 又は -st といったような，2個の子音，或いは Markt［マルクト］の場合の如く 3 つの子音が来るようなのとはわけが違う。この2つの場合を考えてもわかる通り，一般的法則としては，「母音の次に1個の子音が来る際にはその母音は長く引いて発音し，2個以上の子音が来る際には短く発音する」ということになります。なおついでに述べると，Drama［ドラーマー］「戯曲」といったように，最後の a の次に何も来ていない時にも a は長く発音しますが，これは母音全部についてはいえませんから，これからの振り仮名によって会得して下さい。

aa と ah は必ず長綴

前に挙げた例で，Haar［ハール］「髪の毛」の aa でもわかる通り，aa は必ず長い［アー］です。それから Hahn［ハーン］, Draht［ドラート］等でもわかる通り，ah は aa と全く同じです。この h は，英語の方でいうサイレントです。ただし，全然無意味にはいっているのではなくて，その前にある母音を長く発音せよという印にはいっているのです。――これは a のみではなく，ih [イー] でも uh [ウー] でも eh [エー] でも oh [オー] でも同じです。

以上に述べたような訳で，前にあげた表は，4つの部類に分けてあるのです。これから i, u, e, o をやる時にもやはりそのように分けて行きますから，母音の長短には注意して下さい。（例外の場合についてはその場で述べて行きます。）

なぜ，同じ [アー] という発音を a, aa, ah の3通りに書き分けるのか？――それはつまり国語の歴史から来ているので，そんなことをいえば昔の日本語の「やう」や「よう」などもそれで，ことに英語の綴に至ってはもっとひどい。つまり1語1語について，その字面(じづら)を印象的に覚えるより仕方がありません。また英語の綴を覚える努力にくらべたらドイツ語はずっと規則的です。

i ［イ］または［イー］

Bibel	**ビーベル**	聖書
Kino	**キーノー**	映画館
Nil	**ニール**	ナイル河
ihnen	**イーネン**	彼らに
ihm	**イーム**	彼に
ihn	**イーン**	彼を
ist	**イスト**	英：*is*
Film	**フィルム**	フイルム，映画
Schiff	**シッフ**	船

i の場合は ii という長綴はありません。その代りに ie 又は ieh という綴がたくさん出てきます。これはどちらも長い [イー] です。この ie, ieh ははっきりとご記憶をねがいます。

Liebe	**リーベ**	愛
Biene	**ビーネ**	ミツバチ
Knie	**クニー**	膝(ひざ)
lieh	**リー**	貸した
flieh	**フリー**	逃げろ

gedieh	ゲディー	栄えた

発音の部では，もちろん発音の具合をのみこむのが主ですから，単語の意味はべつに覚える必要はありません。

u ［ウ］または［ウー］

Mut	ムート	勇気
Ruf	ルーフ	呼び声
gut	グート	英: *good*
Schuh	シュー	靴
Ruhm	ルーム	名声
Kuh	クー	英: *cow*
Turm	トゥルム	塔
Lust	ルスト	喜び
Kunst	クンスト	芸術

この u にも uu という綴はありません。もし uu という結合がでてきたら，それはウーではなくて，ウウです。すなわち一口に発音する複合母音ではなくて，2つの母音なのです。

e ［エ］または［エー］

Regen	レーゲン	雨
Leben	レーベン	生活
geben	ゲーベン	与える
Tee	テー	お茶
Klee	クレー	クローバ
Kaffee	カッフェー	コーヒー
Mehl	メール	小麦粉
Lehre	レーレ	教え
Lehm	レーム	粘土
Bett	ベット	寝床
Nest	ネスト	巣

Helm	**ヘ**ルム	かぶと，ヘルメット

Regen, Leben, geben の発音に注意して下さい。たとえば Regen にあっては，Re- の方はアクセントのある本綴の方だから長く発音しますが，-gen の方にはアクセントがないので［ゲン］と短く発音します。要するに，アクセントのある母音に限って，その次に 1 つしか子音が来ない場合に長く引くのです。Regen, Leben, geben に現われたアクセントの無い「語尾」の -en は，e を短く発音します。

それから l と r との発音法の区別は，これは日本人には最も苦手の問題で，ちょっと書物の上で説明することは出来ませんが，いずれその問題を扱う時にふれることに致しましょう。

o ［オ］または［オー］

Rot	**ロー**ト	赤
Brot	ブ**ロー**ト	パン
Los	**ロー**ス	くじ
Boot	**ボー**ト	ボート
Moos	**モー**ス	こけ
Lohn	**ロー**ン	賃金
Sohn	**ゾー**ン	息子
Ort	**オ**ルト	場所
Post	**ポ**スト	郵便
oft	**オ**フト	しばしば

ei［アイ］と ie［イー］

ie を［イー］と読むことはすでに i の音をやる時にいっておきましたが，それと混同してはならないのが ei［アイ］という複母音です。これは英語なら *fine*［ファイン］という際の i に当ります。英語の *fine* はドイツ語でも同音で［ファイン］といいますが，綴り方は fein です。「素敵だ！」という時には，英国人も *Fine!* といい，ドイツ人も Fein! といいますから，全く同じですが，綴の相違にだけは注意を要します。

Ei	アイ	卵
Blei	ブライ	鉛
nein	ナイン	否（英: *no*）
Reis	ライス	米
Kreide	クライデ	チョーク
Geige	ガイゲ	ヴァイオリン
Meile	マイレ	マイル
schneiden	シュナイデン	切る

ei と ie とは，初めのうちはよく混同しますから，念のために，次に並べた単語を発音して見て下さい。ei と ie とがゴッチャに出てきますから，とっさの間にちょっと見てすぐ発音できなくてはなりません。

[ei と ie とを発音し分ける練習]

Biene	Bein	Keim	kein	Miene	Keil	Kiel
Kies	Teil	geil	Schein	briet	breit	heilt
hielt	heilen	nie	Greis	Pein	dienen	deinen
bleiben	Brief	schneite	Schmiere	Diele	nein	liegen
greifen	Leim	rein	tief	kneifen	Seil	Schneide

注　意　Schneide [シュナイデ] とか Miene [ミーネ] とかの，[デ] とか [ネ] とかいう語尾は，英語では発音しないのが普通ですが，ドイツ語では，日本語の [デ] [ネ] と同様に，はっきりと発音します。Miene を [ミーン] schneite を [シュナイト] などというのは，初学者に最も多い誤りです。英語のつもりで読んではいけません。すべてローマ字のつもりで読まなければいけません。英語を知っている人が多いから，特に注意しておきます。

ai [アイ]

これも，ei や ie と同じく，いわゆる複母音の部類にはいるのですが，ローマ字通りの発音ですから，字の通りと心得てかまいません。たとえば Mai [マイ]「5月」のようにです。従って，ai は ei と同音異綴です。

Mai	マイ	5月
Hai	ハイ	サメ

Main	マイン	マイン河

eu［オイ］

英語の *boy*, *toy* 等に現われた *oy* とほぼ同じです。これは，文字通りに［エウ］などと読んではいけません。──たとえばギリシャの古典劇作家の Euripides を，ドイツ人は［オイリーピデス］と読んでいます。

Leute	ロイテ	人々
Eule	オイレ	梟(ふくろう)
neu	ノイ	英：*new*
neun	ノイン	英：*nine*
Teufel	トイフェル	悪魔
Scheune	ショイネ	納屋，物置き

au［アオ］

au という複母音があります。これは，もちろん字の通りに読んで［アウ］といってもよろしいのですが，ドイツ人の実際の発音は，［アオ］といった方が近いように思われます。人によると［アウ］と仮名で表わす人もあるようですが，私は［アオ］と教えた方が実際的だと信じますから，［アオ］でやっていきます。［アオ］は，もちろん［ア］の方に力を入れて読むのです。

Haut	ハオト	皮膚
Haus	ハオス	家
Braut	ブラオト	花嫁
Frau	フラオ	女性，婦人
Maus	マオス	[ハツカ]ネズミ
kaufen	カオフェン	買う

変母音 Umlaut に関する予備知識

次に，ドイツ語には ä, ö, ü（及び複母音の äu）という，3 個の「変音」というものがあります。ä は「変音 a」と呼ばれ，ö は「変音 o」と呼ばれ，ü は「変音 u」と呼ばれます。──しかし，実際よく用いられる名称は a-Umlaut [**アー・ウ**ムラオト], o-Umlaut [**オー・ウ**ムラオト], u-Umlaut [**ウー・ウ**ムラオト] です。

このä, ö, ü は，各々についてその発音法を述べていきますが，一つ注意しておきたいのは，これらの母音の上に付いている印は，日本語の仮名につける濁音符と同じく，書く際にも必ずつけなければいけないということです。

それから，ドイツ語をタイプライターで打ったりする時に，もし Umlaut の印が無い時には

ä の代りに ⟶ ae
äu の代りに ⟶ aeu
ö の代りに ⟶ oe
ü の代りに ⟶ ue

とやってもかまわないことになっています。ことに，大文字の際には，意識的に Ä の代りに Ae, Ö の代りに Oe, Ü の代りに Ue とやることがあります。ただし，小文字の際には，なるべく ä, ö, ü を用います。

ä [エ] または [エー]

ä は 2 個以上の子音の前では [エ] と発音し，1 個の子音の前，或いは äh と h がつく際には [エー] と発音します。つまり ä は e とほぼ同じと覚えておいて大して間違いはありません。

Ära, Aera	**エーラー**	時代
Träne	ト**レー**ネ	涙
Täter	**テー**ター	犯人
gären	**ゲー**レン	発酵する
Nähe	**ネー**エ	近所
Nähte	**ネー**テ	縫目
Ähre, Aehre	**エー**レ	穂
Lärm	**レ**ルム	騒音
Hände	**ヘ**ンデ	手（複数）

Länder	**レ**ンダー	国々（複数）
Härte	**ヘ**ルテ	かたさ

備　考 1　Nähe [**ネ**ーエ] 等の際の h を発音してはいけません。h は前の ä を長くするための h なのですから。Ruhe [**ル**ーエ], Lohe [**ロ**ーエ], fliehen [フ**リ**ーエン] 等の h もみな同様です。

備　考 2　詳しいことをいえば，ä と e とは，少しちがっていて，ä の方が日本語の「エ」の発音に近いのですが，そんなことをいえば i にも 2 つの場合があり，o にも，u にも，みんな 2 通りの微妙な相違があるのです。そんなことは，書物の上でやるときには，まるで微妙千万な哲学みたいな話になって，とてもわかるわけがありません。このようなことは，本書のカセットテープで御研究下さい。じゃまくさかったら，無視して行ってもかまいません。それよりもっともっと重要な文法の方へはやく行きましょう！

ö ［エ］または［エー］

こんどの ö は，本当は，仮名ではちょっと表現しにくい発音なのですが，初学者は便宜上まず［エ］又は［エー］と思えば，そう大した誤りはありません。英語の *hat* を［**ハ**ット］と言っている程度の，ごく荒っぽい，いわば大衆向きの発音としては，ö は［エ］でよろしいのです。

しかし，多少正しく発音したい方は，次の説明に従ってやってごらんになると，だんだんできるようになるでしょう。

【1】　ö の「口つき」は［オー］（すなわち o）と同じ。

【2】　舌の位置は［エー］（すなわち e）の際と同じ，すなわち舌をぐっと持ち上げる。

上の 2 つの条件がそろえばよろしいので，つまり o の「口つき」をしながら，［エー］の時のように舌をもち上げると ö ができます。荒っぽくいえば，ö は o と e との中間音です。詳しくいえば，ö は o と e との「中間音」というよりはむしろ「混合音」なのです。

発音の仮名には少し困りますが，ドイツ人の発音に近づけるために，［エ］又は［エー］と約束を決めておきます。

Öl	**エー**ル	油
Flöte	フ**レー**テ	フルート
öde	**エー**デ	荒寥(こうりょう)たる

blöde	ブレーデ	愚鈍な
schön	シェーン	美しい

備　考　きれいな娘さんのことを「シャン」だとか「とてシャン」だとか言うのが昔流行したのは，ある人の説によると，このドイツ語の schön からきたのだそうです。本当は「シャン」ではなくて［シェーン］ですからよく覚えておいて下さい。——それから，私は実は陸軍幼年学校出身だから知っているのですが，陸軍の方に「ショーネン」という隠語があります。これは美少年のことです。私も実はショーネンで鳴らしたものだが・・・（実はそれほどでもなかったけれども・・・）それはまあ別問題として，この「ショーネン」というのが，ちょっと考えると「美少年」の少年かと思うが，本当はそうではない。本当は，schön が語尾を取って schönen［シェーネン］という場合がドイツ語をやる幼年生徒たち（Kadetten カデッテン）の印象に残って，それが隠語に化したのです。これも［シェーン］を［ショーン］と誤っている。schon「すでに」なら［ショーン］だが，schön は［シェーン］です，しかし隠語等にとり入れられる際にはよくこうした誤りが生ずるものです。

höhnen	ヘーネン	あざける
dröhnen	ドレーネン	轟(とど)ろく
Höhe	ヘーエ	高さ
Böhmen	ベーメン	ボヘミヤ
Hölle	ヘレ	地獄
Löffel	レッフェル	スプーン
Tölpel	テルペル	愚人
gönnen	ゲンネン	恵む

備　考　Hölle の発音に注意して下さい。ll は，決して英語の *all* のように発音するのではなく，ドイツ語では Hö- の ö を短くする機能を持っているのです。

なおもう 1 つ。Goethe［ゲーテ］はドイツが世界にほこる大文豪ですが，この名に現われている oe は，前にも述べたように，ö の単なる別形にすぎません。しかし固有名にはことに ö の代りに oe が用いてあるのが多いようです。こんなのを勝手に Göthe と書いてはいけません。

ü [ユー]

これもちょっと厄介な発音です。すなわち，u [ウー] と発音する際のような「おちょぼ口」をしながら，舌の位置を，まるで ie [イー] という時のようにグッと上口蓋に接するほど押し上げると ü の音が出ます。仮名では，ほんとうは [イー] でも好いのですが，[ユー] だってかまわないし，むしろ [ユー] の方が他との区別がハッキリしてよいと思いますから，本書では [ユー] を採用します。

けれども，実際の発音としては，「ユー」とはずいぶんちがっていて，長い時はむしろ [イー] に近いということを覚えておいて下さい。

Bügel	**ビ**ューゲル	ハンガー
Rübe	**リ**ューベ	かぶ
trübe	ト**リ**ューベ	曇った
Hügel	**ヒ**ューゲル	丘
kühn	**キ**ューン	大胆な
kühl	**キ**ュール	涼しい
früh	フ**リ**ュー	早い
Bühne	**ビ**ューネ	舞台
Hütte	**ヒ**ュッテ	小屋
fünf	**フ**ュンフ	5
dünn	**デ**ュン	うすい
Türkei	テュル**カ**イ	トルコ

äu [オイ]（eu と同音）

この äu [**オ**イ] で母音に関する重要なことは全部終りです。

äu を「**オ**イ」と発音するのは，ä が e と同音だから，äu はつまり eu [**オ**イ] と同音になるわけだと覚えておけばよろしい。

Träume	ト**ロ**イメ	夢
Fräulein	フ**ロ**イライン	お嬢さん

läuten	**ロ**イテン	鳴らす
räumen	**ロ**イメン	かたづける
täuschen	**ト**イシェン	だます
Fäulnis	**フ**ォイルニス	腐敗

以上で，母音に関する重要なことは全部終りましたから，次に，定期試験をします。解答は本巻の巻末に付けることにいたします。

ギリシャ語の y

これはギリシャ語系の子音の話と共にまとめて話します。すなわち子音の部へ行ってから ty，py，ry 等と同じ場所に出ています。

進行上の注意

以上のところで，まず「**母音**」についての基礎知識だけはすみました。次は「**子音**」に関する規則になります。

母音については，ほんとうはもう少し詳しいことも必要なのかも知れません。たとえばeは，長いときには非常に引きしまって，ほとんどイーに近くきこえるとか，また，短いときのöやüは，長く引く際のöやüとは，実際ドイツ人の発音を聞くと，ほとんど別な音と思われるほどちがってきこえるとか…その他細かいところをつつき出せばきりがありません。けれども本講座は，そんなことを初めから詳しく詮索(せんさく)して皆さんをうんざりさせるためのものではなく，それよりも，もっともっと基本的なこと，たとえば Eis を［エイス］と読んだり Lohn を［ロフン］と読んだりしないためのものなのですから，そのおつもりで，あまり細かいことは気にしないで先へ進んでいただきたいものです。

第 I 回 定期試験

（解答は本巻の巻末にあり）

[1] 母音はどんな場合に長く発音し，どんな場合に短く発音するか？

[2] eh, oh, ih 等の h は何のためについているのか？

[3] Re-gen「雨」On-kel「伯父」Man-tel「コート」Bie-ne「蜜蜂」等は，前後どちらの綴の方に力点（アクセント）があるか？

[4] 次の発音の誤りを正せ：

Bohne	ボーン
Henne	ヘン
Eule	オイル

[5] 次の発音の誤りを正せ：

nein	ニーン
neu	ナイ
läuten	レーテン
Niere	ナイヤー
Haut	ホート
Träne	トラーネ
Lärm	ラルム
Flöte	フローテ
Kuh	キュー
Mut	マット
Ruhm	リューム
Name	ネイム
Lust	ラスト
Tee	ティー
Bein	ベイン
Ruhe	ルーヘ
Gas	ガス

[6] 変音にはどれだけの種類があるか？

[7] ä という活字がなかったら，タイプライターではどうしたらよいか？

[8] ä を何と呼ぶか？

[9] au の発音は？

[10] [イー] に相当する場合の綴り方がたくさんあったが，それを全部挙げよ。

[11] [オイ] と読む2つの場合は？

[12] [アイ] と読む2つの場合は？

[13] 次の語の発音を問う。

Öl
Träume
lau
Brot
Gut
Gürtel
bat
Schote
Laden
schneiden
Heim
Kot
üben
eins

[14] 英語の *fine*「すてきな」，*mine*「私のもの」，*ice*「氷」，*rice*「米」，*price*「価格」，*house*「家」，*mouse*「[ハツカ] ネズミ」は，ドイツ語でもほぼ同じ発音である。ただしその綴りは？（名詞はドイツ語では必ず頭文字を大書する。）ただし，「私のもの」はドイツ語では名詞として扱わない。

子音の発音

ch の発音に2通りあることについて

ch は，2字から成っているとはいうものの，実は1個の子音なのです。

発音もその通りで，英語でも現に *child* [チャイルド] でもわかる通り，*ch* は1個の子音として発音されています。*child* を [クハイルド] などと読んだ日には大笑いでしょう。

ドイツ語の ch には次に示すような2種類の発音法があります。どんな時にどちらの発音をするか？　第2回目の定期試験には持ってこいの題目ですな。

ach-Laut [アハ・ラオト] の ch

ach-Laut とはどんな音かというと，それは，日本語の「噫(ああ)」に相当する ach [アハ]！という間投詞の場合の ch だからそういう名があるのです。

まずこの ach! の発音を練習して見ましょう。――近頃はドイツ映画も種々上映されるようになりましたから，都会に居られる方は，少し注意しておいでになればドイツ人の発音を直接に研究することができます。たとえ大部分は何をしゃべっているのだかわからないにしても，この ach! などはよく聞き取れます。たとえば楽屋で女優さんが顔作りをしている。そこへ召使いが花束を届けに来る。女優はそれを受取って，「誰なの?」と問う。召使いは「そこに名刺が付いております」という。いわれて女優は花束に付いている名刺を一目見る。彼女の無心な態度はたちまち一変し，まず花束を抱くようにして胸に押しつけながら，深く息を吸って胸をふくらませ，さてあこがれの瞳を天に向けてその次に何というか？　Ach! という。――盛んにしゃべっている最中の ach だったら，a だけしかきこえないが，こういう静かな場合では，溜息と共に吐き出されるかすかな ch というカスレ声がはっきりと聞えます。

この「かすれ声」が，いわゆる ach-Laut の ch です。喉のかすれる音にすぎません。

この音を出すのはごく容易で，日本語の「は」(ha) という音を，声を立てないで，人に耳打ちする時のように発音してごらんなさい。しかも，できるだけ短く。そうすればその短い ha が，ほぼここでいう **[アハ・ラオト]** の ch です。

ha といったのは，それは日本語的にいったので，くわしくいえば ha の中から a という母音を取り去ったものです。

以下，仮名を用いる際には [アハ] [バハ] などとやっておきますが，そうかといって決して aha, baha などと，おしまいに a を発音するのではなくて，ただ ah- bah- と，終の -a なしに発音するのであることを忘れないで下さい。ただ h を，すなわち ch を発音する際の口のかっこうが，アングリ空けたままの姿勢，すなわち，ちょっと a を発音するような姿勢になるというだけです。

[a の次の ch は喉音の ch]

Bach	バハ	小川
nach	ナーハ	英: *after*
Dach	ダハ	屋根
Nacht	ナハト	夜
Schach	シャハ	将棋
Schlacht	シュラハト	合戦
machen	マッヘン	英: *make*
lachen	ラッヘン	笑う
Drache	ドラッヘ	龍
Rache	ラッヘ	復讐

ach 及び ach に似た場合，すなわち a という母音の次に来る ch だけが ach-Laut なのではなくて，なお o, u, au の次に来る ch も ach-Laut です。ただし o の次の ch は，o を発音したついでに尾を引くようにしてついでに発音されるから，惰性で，どうしても，o のような口かっこうで発音することになりますから，ho というローマ字にそのまま当るわけではないが，便宜上 [ホ] と仮名を振ることにします。つまりささやくときの短い [ホ] だと思えばよろしい。

[o の次の ch は喉音の ch]

Loch	**ロ**ホ	穴
Koch	**コ**ホ	料理人
noch	**ノ**ホ	まだ
kochen	**コ**ッヘン	料理する
lochen	**ロ**ッヘン	穴をあける

u の次の ch も，今までに言ったのでもわかる通り，u という口つきで発音します。しかし，仮名の「フ」というと，fu になって，これは「唇の摩擦音」で，全然ちがってくるから，u の次の ch に限って，少しややこしいが「ホゥ」という仮名を用いる方がほんとうはよいのかもしれません。しかし，それはこの際よしましょう。原文がなくて，仮名だけで独文を書くのなら「フ」では f だか ch だかわからないかもしれませんが，ちゃんと ch という活字が目の前にあるときに，何を好んで「ホゥ」なんて変な結合を用いる必要があるでしょう？ これからは uch はすべて「ウーフ」または「ウフ」と表現します。それで結構です。

[u の次の ch は喉音の ch]

Buch	**ブ**ーフ	本
Tuch	**ト**ゥーフ	布
Fluch	フ**ル**ーフ	呪い
Flucht	フ**ル**フト	逃亡
Kuchen	**ク**ーヘン	ケーキ
fluchen	フ**ル**ーヘン	呪う

au [**ア**オ] の次は，[オ] の惰性で [ホ] に近くなります。

[au の次の ch は喉音の ch]

auch	**ア**オホ	英: *also*
Bauch	**バ**オホ	腹
Rauch	**ラ**オホ	煙
Hauch	**ハ**オホ	吐息
rauchen	**ラ**オヘン	喫煙する

brauchen　　ブラオヘン　用いる

備　考 1　ここで問題になった［ハ］と［ホ］と［フ］(或いは［ホゥ］でもよろしい）との区別のようなことになると，音標文字よりは仮名の方がわかりやすいでしょう。音標文字ではこの ach-Laut は [x] で表わしますから，Bach も [bax], Loch も [lɔx], Buch も [buːx] で，みんな同じになってしまいますが，前にある母音によって [x] の発音はそれぞれ異るのです。

備　考 2　この「喉音の ch」すなわち「アハ・ラオト」の ch なるものを，あんまり面白がって，2, 30 分も発音しつづけていると，喉がカラカラになって，うがい薬の御厄介になる様なことになりますから，たいていにしてお止しになることをおすすめします。もし，20 分もやって，不思議に喉がかれなかったら，それは，よっぽど喉の丈夫な人か，それとも発音法が違っていたかです。

それからもう 1 つ，この喉音の ch は，a, o, u 及び au の次の ch に限ります。e 或いは ä, ö, ü 及び子音（r, l, m, n 等々）の次の ch は，次の項で述べる舌音の ch という，全然ちがった音になります。

ich-Laut［イヒ・ラオト］の ch

これは ich［イヒ］「私」という際の ich だから「私」の音 (ich-Laut) と呼ぶのです。

この発音法は，声を出さずに，耳うちするようにして［ヒ］をいってごらんなさい。それがそのまま ich-Laut の ch です。

こういえば，なおハッキリするでしょう。すなわち日本語の音のシステムに，「ヒャ・ヒ・ヒュ・ヒェ・ヒョ」という 1 列がありますが，それをドイツ語で表わすとしたら，この ich-Laut の ch を用いて cha, chi, chu, che, cho と書けばドイツ人にもぴったりとわかります。──日本人は，びっくり仰天して腰を抜かした瞬間には何と叫ぶか？恐らくは「ひゃあ！」と言うでしょう。それをドイツ語で綴ると cha! 又は chah! です。

cha! と a のつくときはそれでよろしいが，ch だけは，［ヒャ］でも［ヒョ］でもなく，むしろ 1 番［ヒ］に近い。

日本語の「ヒ」は，舌と下顎(あご)との間に起る空気の摩擦が猛烈にひびかなければなりません。あんまりすれすぎて，江戸っ子の「ひ」のように，「ぜしお出で下さい」だの，「おシさまはシガシから昇る」だのというのは，これはむしろ sch の方になって ch とは少しちがってきますが，そうかといって，関西人が「7」(hichi) という時の hi のように，全然摩擦音がきこえないのも，これもいけない。ドイツ語の ch も同じことです。

ä, ö, ü, e, i, ei, ie, äu, eu, ai, 及び r, l, m . . . 等，子音の後の ch がすべてこの ch です。要するに，a, o, u, au 以外の次では全部この ch だと思えばよろしいのです。

[舌音の ch]

nächst	ネーヒスト	英：*next*
höchst	ヘーヒスト	最も高い
Gerücht	ゲリュヒト	うわさ
Reich	ライヒ	帝国
leuchten	ロイヒテン	輝く
Bräuche	ブロイヒェ	習慣
dichten	ディヒテン	詩作する
Licht	リヒト	光
Furcht	フルヒト	恐怖
Milch	ミルヒ	牛乳
Kirche	キルヒェ	教会
kriechen	クリーヒェン	這(は)う
keuchen	コイヒェン	あえぐ
heucheln	ホイヒェルン	いつわる
rächen	レッヒェン	かたきを討つ
Küche	キュッヒェ	台所
China	ヒーナー	中国
Chemie	ヒェミー	化学

備　考　ach-Laut と ich-Laut との区別は，次のような場合には，よほど注意を要します。一対をなしている左右の両語をよく見くらべて，一般的法則を思い出して下さい。一般的法則というのは，a, o, u, au の次では ach-Laut，それら以外の母音や子音の後ではすべて ich-Laut，これをよくおぼえておきましょう！

[喉音の ch]		[舌音の ch]	
Geruch	ゲルフ	Gerüchte	ゲリュヒテ
Koch	コホ	Köchin	ケッヒン

lachen	ラッヘン	lächeln	レッヒェルン
Bauch	バオホ	Bäuche	ボイヒェ
Frucht	フルフト	Furcht	フルヒト

ig [イヒ] という語尾は舌音の ch と同じに発音する

英語には，名詞や形容詞に -*y* という語尾が非常に多い。*pretty*, *speedy*, *ready*, *honey*, *body*, *belly* 等がそれです。それと同じようなのがドイツ語の ig [イヒ] という語尾で，たとえば *honey*「蜜」はドイツ語では Honig [ホーニヒ] です。この ig は，ich と同じに発音します。

niedrig	ニードリヒ	低い
ruhig	ルーイヒ	静かな
eilig	アイリヒ	急ぎの
schneidig	シュナイディヒ	敏活な
König	ケーニヒ	王
Honig	ホーニヒ	蜜
Käfig	ケーフィヒ	籠

備　考　この発音法は，必ずしもドイツ人のすべてがこう発音している，というわけではなく，ドイツ人の中には [イック] と発音する人もかなりいます。また普通 [イヒ] と発音している人ですら，少し改まると，ちょっと気取って [イック] ということもあります。けれども，素朴なよい発音法は [イヒ] だと，初歩の人は一応そう覚えた方が後のためによろしいでしょう。（また，1人や2人のドイツ人の発音をきいて早合点すると変なことになりますから，ドイツ人の発音をきく人はよく御注意下さい。）

j は英語の *y* にあたる

「ヤ」,「ユ」,「ヨ」をドイツ語で書くと ja, ju, jo です。

ja	ヤー	英: *yes*
Japan	ヤーパン	日本

Jude	**ユ**ーデ	ユダヤ人
Joch	**ヨ**ホ	軛(くびき)
Boje	**ボ**ーイェ	浮標（ブイ）
Kajüte	カ**ユ**ーテ	船室（キャビン）

備　考　このｊを「ヤ，ユ，ヨ」の行に発音するということは，ｊという字が元来はｉから出たものだという事実を考え合わせればわかります。昔のラテン語にも，正しくいうとｊの字はありません。ジューリアス・シーザー（これは英語流の発音）なども，昔のラテン語では IVLIVS CÆSAR と書きます。（U と V も昔は同じだったのです。）Æ はドイツ語の ä に相当します。

w は英語の *v* と同じ発音

w は，むしろ英語の *w* に相当する字ではありますが，発音は英語の *v* と同じ，すなわち上方の歯列と，下唇との間の摩擦音です。

ドイツ人がこの w を発音するときには，平常の会話では，ともすると摩擦がはっきり聞えないで，ほとんど英語の *w* に近く聞えることもありますが，それはのんきにやっているからで，正式ではありませんから，それに迷わされてはいけません。

といって，w は b とは全然ちがうので，これは英語の *v* でも同じです。上歯と下唇とを余り強く嚙み合わせ過ぎると b のようになってしまうから，注意を要します。

Woche	**ヴ**ォッヘ	週
Welle	**ヴ**ェレ	波
Weide	**ヴ**ァイデ	柳
Wette	**ヴ**ェッテ	賭(かけ)
Wunsch	**ヴ**ンシュ	望み
Löwe	**レ**ーヴェ	ライオン
Möwe	**メ**ーヴェ	かもめ

r と l

r と l との相違は，これはちょっと書物の上でお伝えすることはできません。

まず大ざっぱにいえば，l の方は，舌の端の方に近い上面を広く柔らかに上顎につけて，それから，それを柔らかに離しながら「ラ」というのです。日本の「ラ」のように，舌の端を「狭く」上顎につけて勢いよくはじいてはいけません。

r の方は，初学者は，巻き舌の r という方法でやるのが 1 番容易です。これは，いわゆる江戸っ子の巻き舌という奴にそっくりで，舌の端を上顎に近づけて，その間に強く息を通わせることによって舌端をはげしくふるわせるのです。

r の発音に 2 種あること

これは余談にわたりますが，ドイツ人の発音を聞く機会のある人のためにちょっと注意をうながしておきます。今述べた r の発音は，日本人としてやりやすい方の，「舌でやる r」であって，ドイツ人の全部がこの巻き舌でやっているわけではありません。その外に，喉の中をゴロゴロとふるわせてやる r があるのです。しかもその方がむしろ普通です。しかしこの r は，とても書物の上で述べられない，初等講座では触れない方がよいと思うからやめますが，しかし，全然知らないよりは，せめてうわさ話だけでも知っておいた方がよいかもしれませんから，この発音の部の 1 番おしまいのところに，筆者が雑誌 „基礎ドイツ語“ (1956, 5 月号) に載せた „R の発音“ という記事を転載しておきます。(45 頁参照)

r の 母 音 化

Mutter は正式に発音すれば [**ム**ッテル] ですが，普通の会話では [**ム**ッター] に近く発音されます。つまり，英語の mother [マザー] みたいなものです。アクセントの入らない -er の語尾は全部 [アー] と発音してかまいません。

同じく -ir, -or, -ur などは，これはまさか「アー」とは言いませんが，[イーア], [ウーア], [オーア] とそれぞれ r を [ア] と母音化して言います。たとえば Uhr「時計」は [**ウ**ーア], Tor「門」は [**ト**ーア] です。

しかし a の次にくる r については [アーア] とは言わず，Haar「髪」であれば [ハール] と発音します。又，アクセントのある短母音の -er, -ir, -ur, -or などは，r を母音化せず，それぞれ [エル], [イル], [ウル], [オル] と言います。

Mutter	**ム**ッター	母

Bruder	ブルーダー	兄弟
Eltern	エルターン	両親
Meer	メーア	海
Wert	ヴェーアト	価値
mir	ミーア	私に
Bier	ビーア	ビール
Flur	フルーア	廊下
Ohr	オーア	耳
Märchen	メーアヒェン	おとぎ話

備　考　Wert を [ヴァート] といってはいけません。これはアクセントのない語尾の -er とはちがいますから。それから el をこれ式でやってはいけません。Welt「世界」を [ヴェアト] といったり，Onkel「伯父」を [オンカー] といったりするのはとんでもない誤りです。

z＝英語の *ts*

日本語の [ツ] という音は，ローマ字でも（ヘボン式ローマ字では）*tsu* と綴るのでわかる通り，決して *tu* [トゥ] でもなし，*chu* [チュ] でもありません。この *tsu* をドイツ語で綴れば zu です。za, zi, zu, ze, zo は，つまり [ツァ] [ツィ] [ツ] [ツェ] [ツォ] です。

Zeit	ツァイト	時間
Ziel	ツィール	目的
Zucht	ツフト	訓育
zehn	ツェーン	英：*ten*
Zone	ツォーネ	地帯
März	メルツ	三月
Holz	ホルツ	木材
Skizze	スキッツェ	スケッチ
Tanz	タンツ	ダンス

備　考　Ziel [ツィール]「目的」等，[ツィー] の音の時には特に [チー] と誤り

がちですから注意して下さい。［チー］の音，すなわち英語の *cheer* 等に現われる *ch* に相当する音は，後にも出て来る通り，tsch です。

sch＝英語の *sh*

これはもう，1番最初に Schnee「雪」の話のときに紹介したものです。英語よりは1字 c が余計にはいっています。

Schinken	**シ**ンケン	ハム
Schmuck	シュ**ム**ック	飾り
schwach	シュ**ヴァ**ハ	弱い
Schneider	シュ**ナ**イダー	洋服屋
schwer	シュ**ヴェ**ーア	重い
schwimmen	シュ**ヴィ**ンメン	英：*swim*
schlagen	シュ**ラ**ーゲン	打つ
Wunsch	**ヴ**ンシュ	願望
Mensch	**メ**ンシュ	人間

tsch ＝ 英語の *ch*

日本語の［チャ］［チ］［チュ］［チェ］［チョ］がドイツ語では tscha, tschi, tschu, tsche, tscho です。4個の子音が寄って1音をなすわけです。――というよりは，むしろ t と sch とを速く一緒に言おうとすると tsch［チュ］になるわけです。

Deutsch	**ド**イチュ	ドイツ語
rutschen	**ル**ッチェン	すべる
Peitsche	**パ**イチェ	鞭(むち)
Kutscher	**ク**ッチャー	馭者(ぎょしゃ)
Gletscher	グ**レ**ッチャー	氷河

s は母音の前では濁音

ドイツ語の s は母音の前では「ザ・ズィ・ズ・ゼ・ゾ」と濁った音になりま

す。

たとえば英語の *sand* [サンド]「砂」はドイツ語でも Sand ですが，発音は **[ザント]** です。英語式に発音を表わせば *zant* となるでしょう。

sagen	**ザ**ーゲン	dies	**ディ**ース
sein	**ザ**イン	Eis	**ア**イス
saufen	**ザ**オフェン	Haus	**ハ**オス
Seide	**ザ**イデ	Kurs	**ク**ルス
sägen	**ゼ**ーゲン	nichts	**ニ**ヒツ
Sohn	**ゾ**ーン	Maske	**マ**スケ
Säule	**ゾ**イレ	Last	**ラ**スト

備　考　ドイツ人の発音を聞く機会の多い方のためにちょっと注意しておきます。ドイツ人の中にも s を一切濁らないような地方なまりの人もかなり多いことは事実です。たとえば Sie「あなた」を［スィー］といったように発音する人もあります。けれどもそんなのを正しい発音だと思ってはなりません。

ß = 濁らない s

これは本来ドイツ文字の s と z とをいっしょにした字で，「エス・ツェット」という名で呼ばれています。そうかといって，決して s と z との中間を発音するという訳ではなく，「サシスセソ」の行の音を出すための記号にすぎません。（もちろん「シ」という日本語だけは ßi ではなく，むしろ *schi* なのですが。）ß のない，たとえば英語用のタイプライターなどでドイツ語を打つときには，ß はすべて ss とやらなければなりません。

この ß で 1 つ注意して貰いたい事があります。以下にならべた例語をよくごらんになればわかりますが，たとえば -aß を [アス] と短く発音するか，[アース] と長く引くかは，語によって決まっているのです。

ただし -aß, -oß, -uß 等の次に，もう 1 つ母音が来る場合，すなわち -aßen -oßen 等の際は，その a, o, u 等はすべて長く発音します。短くする際は必ず assen [アッセン] ossen [オッセン] 等と，ss でやってあります。──しかしこんな事は今はまだわからなくても宜しいが，後々の参考のために，ß と母音の長短問題との間には何だかややこしい事があった，ということだけちょっと覚えておいて下さる事を希望します。

Haß	ハス	憎悪
iß!	イス！	食え！
Kuß	クス	接吻
groß	グロース	大きな
grüßen	グリューセン	挨拶する

備　考　ß や ss は一語の初めには決して使いません。

v は 英 語 の *f*

ドイツ語にも，ちゃんと f という字があるのに，その上また v という字があります。ただし，この字は，或る単語に限って使うので，f の音を随意にこれで書いてよいというのではありません。例えば英語の *father* は Vater [ファーター] で，こういうことは眼の方の印象で覚える外はありません。

Vater	ファーター	父
Vogel	フォーゲル	鳥
vor	フォーア	前に
vier	フィーア	4 英: *four*
viel	フィール	多い
positiv	ポズィティーフ	積極的な

ただし，英語と共通な外来語は，v を英語と同じに，すなわちドイツ語でいえば w に発音します。この見分けはなかなかむずかしいので，語によると，どちらでもよいことになっているのもあります。

Violine	ヴィオリーネ	バイオリン
Novelle	ノヴェレ	短篇小説
Klavier	クラヴィーア	ピアノ
Vase	ヴァーゼ	花瓶

pf ＝［プ］と［フ］の混合音

前に z の音を［ツ］と発音するということがありました。z はつまり英語の

it's a long way . . . なんて時の *t's* で，この *it's a* を「イットスア」とか「イトサ」とかいった日には大笑いで，t と s とは1子音に発音して「イッツァ」すなわちドイツ語で表わせば izza 又は itza といわなければいけません。

この *ts* の問題が直ちに pf の問題です。pf は，1字にくっついてこそいないが，［プフ］と相前後して発音するのではなくて，p でもなければ f でもない，すなわち p と f との中間音，というよりはむしろ p と f とを同時に発音する際に生ずる音なのです。つまり，「ツ」といえば，その中に t もきこえれば s もきこえるといったのと同じ調子で，pf を発音しなければいけません。こいつは英語にも日本語にも，ちょっと例のない，ドイツ人独特の発音です。

ちょっとその発音法を分解して話してみましょう。まず順序として p の発音と f の発音とをはっきりと意識してみることが必要です。

[pa の 発 音 法]

まず，上唇と下唇とを固く密閉して，然る後それを勢いよく開いて［パ］という。

[fa の 発 音 法]

まず「上方の歯列」と下方の唇とを接せしめて，然るのち［ファ］と開く。

[pf の 発 音 法]

「上方の歯列」と下方の唇とをかみ合わせ，しかも同時に上唇と下唇とを密閉したのち，それを勢いよく開く。

どうです？　やれますか？

これを定義として言うと，次のようになります。

[pa]　は，摩擦音（かすれる息）の全くはいらない爆発音である。

[fa]　は密閉したままの準備姿勢の時からしてすでにフーフーと息の通っている状態を更にフワリと爆発させたもの。

[pfa]　は，密閉したままの準備姿勢の時にはまだ表へ息はもれないが，爆発する際に，歯の凸凹が邪魔になってかすれてしまう音である。

理屈ではこれだけしか言えません。まあ追々練習して下さい。仮名にはちょっと困るが，便宜上［プフ］を用いておきましょう。くれぐれも申しておきますが，［プ］と［フ］を別々に発音してはいけませんよ。それよりはむしろ［プ］か［フ］のどちらかに間違って貰う方が結構です。

Kopf	**コ**ップフ	頭
Topf	**ト**ップフ	壺
Tropfen	ト**ロ**ップフェン	水滴

Pfeil	プ**フ**ァイル	矢
Pfropfen	プフ**ロ**ップフェン	栓(せん)

qu = kw

これは，q を k に，u を w（英語の *v*）に発音します。すなわち英語の *qu* とは少しちがいます。

Qual	ク**ヴァ**ール	苦悩
Quelle	ク**ヴェ**レ	泉
quietschen	ク**ヴィ**ーチェン	キーッという
Qualität	クヴァリ**テ**ート	質
Quantität	クヴァンティ**テ**ート	量

綴末の b, d, g は清音となる

英語では，たとえば *deed* とか *dead* とかについてその *d* の発音を検討すると，語頭の *d* も語末の *d* も同じく濁音で，何の相違もありません。ところがドイツ語では，d は，語頭にある時に限って濁音に発音し，語末にある時には清音，すなわち t と同じに発音するのです。

たとえば，「ドイツ」のことを Deutschland と言いますが，これは，まるで Deutschlant と書いてあるかのように［**ド**イチュラント］と発音します。

語頭とか語末とかいうのは，最初の便宜上そう言ったので，詳しく言うと，綴（英語のいわゆるシラブル）の中に含まれている母音を中心にして，それより前にあれば d に発音し，それより後にあれば t に発音するのです。だから，やかましく言うと，綴の切り方というものがわかってこないと，濁音か清音かの区別はわからないわけですが，まあ次の例によってその大筋を会得して下さい。綴が切ってありますから，d が母音の前か後かに注意して下さい。

［綴　頭　の　d］

du	**ド**ゥー
da	**ダ**ー
drei	ド**ラ**イ

dran	ドラン
Hei-de	ハイデ
Wun-der	ヴンダー

[綴 尾 の d]

Lied	リート
Rad	ラート
red-lich	レートリヒ
Wund-mal	ヴントマール
redst	レーツト
lädt	レート

備 考 詳しく言うと，以上の法則には多少の例外もあります。たとえば，すでに Regen「雨」という語を御存じだから申しますが，それから来た regnen「雨が降る」という動詞は，reg-nen と切るにかかわらず，[**レークネン**] とはいわないで，やはり Regen [**レーゲン**] という名詞の発音を残して [**レーグネン**] と濁るといったような異例はあります。けれども，これらは，単語の意味や文法がわかり出してから後でないと無理ですから，今は気にしないで下さい。

以上のようになるのは，d ばかりではなく，その他に g と b があります。

[綴 頭 の g]

ganz	ガンツ
Gott	ゴット
Gunst	グンスト
groß	グロース
laub-grün	ラオプ・グリューン
Opern-glas	オーパーン・グラース
Gei-ge	ガイゲ

[綴 尾 の g]

zog	ツォーク
Tag	ターク

Zug	ツーク
hegst	ヘークスト
weg-reisen	ヴェックライゼン
frag-los	フラークロース
täg-lich	テークリヒ

備　考　綴尾の g は ch と同じに発音することもできます。それは後の項にゆずります。

[綴頭の b]		[綴尾の b]	
Bar	バール	Laub	ラオプ
Bein	バイン	Kalb	カルプ
Bohne	ボーネ	Klub	クルプ
Schei-be	シャイベ	hübsch	ヒュプシュ
er-blich	エアブリヒ	erb-lich	エアプリヒ

最後の例の erblich が2つあるのなどは，とても初歩のうちは意味がわかるはずがありません。文法をやるとわかるのです。

無　音　の　h

これはすでに度々出て来たことですから，子音をやる順序としてちょっと復習するに止めておきます。

Vieh	フィー	家畜
Kuh	クー	牝牛
Naht	ナート	縫目
Bohne	ボーネ	豆
Reihe	ライエ	列

ck ＝ kk

これは英語と同じです。tz が zz であり ß が ss であると同様に ck は kk の発音です。つまり，その前に立つ母音を短くつめて読めという印にすぎません。

Deck	デック	甲板
Sack	ザック	袋
schicken	シッケン	送付する
drucken	ドルッケン	印刷する

鼻音の ng

英語の *sing*「歌う」はドイツ語では singen [ズィンゲン] ですが，この際ちょっと注意して貰いたいのは，この［ゲ］は普通の ge とはちょっとちがっているということです。つまり，前に n があるために，鼻にかかるのです。

日本語にもこの g があります。たとえば，鍵 (kagi) という時の gi と，銀 (gin) という時の gi とは，はたして発音が同じでしょうか？

違います。日本語では，語頭にある g だけが本当の g で，語内にある g は，少なくとも標準発音では，すべて鼻にかからなければなりません。号外！(Gōgai!) という時に，gai を外国 (Gai-koku) の Gai と同じに発音した日には，何だか変なひびきになります。こういう事実は，皆さんの中でも，初めて気のついた人が多かろうと存じますから，改めて日本語にも御注意下さい。

-ng の g はすべて鼻音の g になります。

Zunge	ツンゲ	舌
Finger	フィンガー	指
Wange	ヴァンゲ	頰(ほお)
singen	ズィンゲン	歌う

備　考　くわしくいうと，その他なお -nk の n も，鼻音の n といって，普通の舌音の n からは区別されます。けれども，この方は日本語でもそうであり，だれがやっても自然にそうなるから，あらためていう必要もありません。

st と sp

st は［スト］と英語と同じように発音する際と，［シュト］すなわち scht であるかのように発音する際との2つの場合があります。sp も同様です。

この区別も，s を濁るか濁らないかの問題，それから b, d, g を濁るかどうかの問題と同様に，綴の問題から始めないと厳密に定義はできません。

つまり，意味のある1つの綴の母音を規準にして，それより前にあるものは

scht に，後にあるものは st の元来の発音に従うわけです。たとえば Einstein という物理学者の名は Ein「1つの」Stein「石」という構造ですから，st はstein の方の綴から考えて，母音 (ei) より前にあるから，これを [**ア**インシュタイン] と発音します。[**ア**インスタイン] ではありません。ただし einst「かつて」は [**ア**インシュト] ではなく，[**ア**インスト] です。

備 考　もし覚えにくければ，便法として，1語の初めにある st, sp はscht, schp に発音するという風に覚えておいても構いません。Einstein は Ein と Stein との2語だと思えばよいわけで，こんなことは単語がわかり出せばわけはありません。

Stuhl	シュ**ト**ゥール	椅子
Stock	シュ**ト**ック	杖
Stimme	シュ**ティ**ンメ	声
Straße	シュト**ラー**セ	道路
Strom	シュト**ロー**ム	河
Spiel	シュ**ピー**ル	遊び
Speise	シュ**パ**イゼ	食物
sprechen	シュプ**レ**ッヒェン	話す
springen	シュプ**リ**ンゲン	跳(と)ぶ
Brust	**ブル**スト	胸
Kunst	**ク**ンスト	芸術
lispeln	**リ**スペルン	ささやく
Hospital	ホスピ**ター**ル	病院
Kasten	**カ**ステン	大箱
Kiste	**キ**ステ	小箱

chs ＝ x

英語の *fox* (狐) はドイツ語では Fuchs [**フ**ックス] です。-chs で [クス] の音，すなわち *x* の発音になるところに注意して下さい。

Fuchs	**フ**ックス	狐

Dachs	**ダ**ックス	狸
Ochs	**オ**ックス	牡牛
Wachs	**ヴァ**ックス	蠟(ろう)

chs の次に母音（e, en 等）が来ても，音は濁音になりません。wachsen は［**ヴァ**クセン］, Wichse は［**ヴィ**クセ］です。

備　考　こういう現象は，語内の bs にもあります。Erbse は［**エ**ルブゼ］ではなく，［**エ**ルプセ］です。——それから，これも文法をやるとわかりますが，たとえば Buch「本」に，s の語尾がついて，「本の」を意味することがありますが，この Buchs を［ブックス］と発音してはいけません。これはやはり［**ブ**ーフ］の原音を残して Buchs［**ブ**ーフス］と読みます。

x の音について

x は外来語の，たとえば Lexikon［**レ**クスィコン］等，ごくわずかな語にのみ出て来るので，ややともすると忘れがちです。

英語ではこの x を［グズ］と濁ることがあるが，ドイツ語では決して濁りません。英語の *examination*［エグザミ**ネ**イション］は，ドイツ語では Examen［エク**サ**ーメン］です。

Examen	エク**サ**ーメン	試験
Axt	**ア**クスト	斧
Hexe	**ヘ**クセ	魔女
Nixe	**ニ**クセ	人魚

y について

y についてはちょっと心得るべきことがあります。それは，ギリシャ語系の語（ギリシャ語だか何だかを判断するのはなかなか困難ですが，とにかく当分そう覚えておけば先に行くにつれてわかります）においては，y は ü の発音をしなければいけないということです。たとえば，「抒情詩」という Lyrik は，［**リ**ーリック］ではなくて，［**リュ**ーリック］です。——近代語からドイツ語にはいって来た y は，すべて i と同発音をします。たとえば「私刑を加える」「制裁する」は lynchen［**リ**ンチェン］で，これは英語の *lynch* の発音のままを用います。

Lyrik	リューリック	抒情詩
Mythologie	ミュトロギー	神話
Typus	テュープス	型
Typhus	テューフス	チフス

ph = f

英語でも *ph* は *f* と同じ発音になります。これもギリシャ語系統の語に限ります。

Phänomen	フェノメーン	現象
Katastrophe	カタストローフェ	惨事
Philosophie	フィロゾフィー	哲学

th = t

th を英語の *th* のように発音してはいけません。これも，原語たるギリシャ語の字面(じづら)を尊重して h を入れただけで，発音は t と変りません。たとえば，「数学」は，英語では *th* を英語流に発音して *mathematics* [マセマティックス] というが，ドイツ語は Mathematik [マテマティーク] です。

Thron	トローン	玉座
Thema	テーマ	主題
Theater	テアーター	劇場
Atheist	アテイスト	無神論者

備　考　古いドイツ語では，多くの語の t を，むやみに th で書いたものです。たとえば Träne「涙」を Thräne, Tal「谷」を Thal, 等——古い版の書をごらんになる人は心得ておくべきです。

rh = r

これも，わずかですが，ギリシャ語系の語にあります。たとえば有名なライン河は，あれはギリシャ語の名前から来ているので，今だに古めかしく Rhein [ライン] と書くことになっています。

Rhein	**ラ**イン	ライン河
Rhythmus	**リ**ュトムス	リズム

dt ＝ tt

dt という綴が，ちょいちょい出て来ます。これは，たいてい，det がつまったもので，その前を長綴に発音することが多いのです。

Stadt	シュ**タ**ット	市
beredt	ベ**レ**ート	雄弁な
lädt	**レ**ート	laden「積む」より

-tz, -ts, -ds

2文字から成り立っていますが，z と同じ発音の［ツ］になります。

Katze	**カ**ッツェ	猫
Platz	プ**ラ**ッツ	場所
jetzt	**イ**ェッツト	今
nachts	**ナ**ハツ	夜に
nichts	**ニ**ヒツ	英: *nothing*
abends	**ア**ーベンツ	晩に

g の例外的発音

フランス語やイタリア語から来た語には，g を sch の濁音に発音するものがあります。

Genie	ジェ**ニ**ー	天才
Giro	**ジ**ーロー	振替

備 考　これは例外的なものなので，その場合場合にのぞんで覚えた方がよろしい。――また，この［ジャ］［ジェ］という音は，ドイツ人には完全にできないので，人によると，sch と同じに（すなわち濁らないで）発音する人があります。たとえば Genie を［シェ**ニ**ー］と。

tion などの発音

英語の *station* はドイツ語でも同じ綴の Station ですが発音は [シュタツィ**オ**ーン] です。すなわち ti を [ティ] と読まないで，zi と同じに読みます。-tion の語尾は全部そうです。

-tion ばかりでなく，「株」(株式会社の「株」) という Aktie も [**ア**クツィエ] と読みます。

これを定義としていうと，ti- の次になお一つ他の母音が響くと，その ti は zi と発音するという事になります。(tio, tie, tia 等) ただしラテン語から来た語に限るのです。

Station	シュタツィ**オ**ーン	駅
Nation	ナツィ**オ**ーン	国民
Lektion	レクツィ**オ**ーン	課
Präposition	プレポズィツィ**オ**ーン	前置詞
Aktie	**ア**クツィエ	株
Patient	パツィ**エ**ント	患者

Rの発音

いったいrとlとは西洋のどの言葉をやっても，日本人にとっては鬼門です。だいいちその名前にしてからが，英語ではrは「アール」，lは「エル」ですが，ドイツ語では両方とも「エル」で，そもそも字母の名前を覚えるときに，初学者は何のために同じ名前の字が2つもあるのだろうか・・・と不思議がります。

この2つは，実は全然ちがうのです。laと書いてあるときの「ラ」と，raと書いてあるときの「ラ」とでは，実際耳できくとすぐわかりますが，全然別物です。どう違うかということは，これはちょっと紙の上では説明しにくい。大体の見当をいえば，laの方が日本語の「ラ」に近い。ただし，ごく滑らかに発音した場合の「ラ」です。たとえば「ベラベラしゃべる」といってごらんなさい。そのベラベラは，だいたいbela belaです。それに反して，「裸体」などという場合の「ラ」，すなわち言葉の初めに来る「ラ」は，力を入れるとまるで「ダ」のようになるでしょう？　この「ダ」のような「ラ」は，これは日本語特有の「ラ」で，西洋語にはありません。――要するにlaは「なめらかなラ」とおぼえておいて，そのつもりで発音すれば，だいたい間違いありません。

日本人にとってむずかしいのは，むしろraの方です。

rには，実をいうと3つの発音があるのですが（1. 英語流のr―2. 巻き舌のr―3. 喉のふるえるr），ドイツ語では2種類の発音法が用いられています。1つは舌端のふるえるr，他は喉の奥のふるえるrです。いずれにしてもrは口の中の何かがブルブルブルッとふるえる音なんです。

日本人にとって1番やさしいのは舌端を振動させる，いわゆる江戸っ子の巻き舌です。これなら東京の下町に生れた人には大抵できるはずです。「何だってべらんめえ・・・」というときの「ベランメー」は，ドイツ語に移せば正にberammeh!（或いはbärammäh!の方が近いかも知れません）で，そのうちに段々と酔いが回って来て，クルッとケツをまくって，手拭いを左肩へほうり上げ，右拳でヒョイと鼻をこすってベランメー！とどなるときには，berrammeh!と，rは相当景気よくふるえるでしょう。皆さん，ちょっとやってみませんか？

この，舌でやるrは，日本人にはすぐできますが，残念なことにはドイツではこの方は普通あまりやらないで，普通はむしろ第2の「喉の奥をふるわせるr」の方を用います。この方は，日本語には全然ない発音ですから，言葉でどんなに説明しても，皆さんにわかるはずがありませんから，あまり詳しい話は止しておきましょう。ただ，今後，たとえば映画などでドイツ人の発音をおききになるときに，注意して聞いていると，軽く交される会話などでは，ほとんど大部分がこの「喉のr」であることがわかりましょう。喉のrは，普通はごく軽くふるえ，しかもそれが喉の奥の方でふるえるため，ほとんど聞きとれないことが多く，たとえばRad［ラート］が「アート」と聞こえたり，Brot

[**ブロート**] が「**ボート**」ときこえたり，Garten [**ガ**ルテン] が「**ガ**ハテン」・・・すなわち Gachten のようにきこえたりする・・・というのがドイツ人に実際接した人たちが異口同音にいうことですから，これには何かわけがあることと思います。

昔（20年ばかり前ですが）わたしが，やはりこの雑誌で，喉の r を発音する一方法として „うがい論“ とか何とかいうのを書いたことがあります。(標題はもう覚えていません。) つまり，口中に少しばかり水を含んで，上を向いてガラガラガラ・・・とうがいをしてみろ，それから段々と水を減らして，最後には水を含まないでガラガラガラ・・・と喉を鳴らしてみろ，そうしていると段々 rrrr！とふるえるようになる・・・と，マアこういう意味のことを書いた。そしたら，それから4, 5年後，読者から手紙が来て，『わたしは先生がおっしゃった通り，これで 4, 5 年もウガイ法を実行していますが，まだいまだに喉の奥はふるえません』といって来た・・・。

すると私のウガイ論は，少したよりなくなって来た。それから後，なおもよく研究していると，私のウガイ論に 1 つの重大な誤りがあることを発見しました。それはどういう点かというと，『上を向いて大きく口を開ける』という点に誤りがあったのです。上を向くのではない，むしろ下を向いてアゴを喉にくっつけるほど引いてやらないと，喉の奥はふるえ出さないのです。私は，「ウガイ」という事を面白がりすぎて，ウガイにこだわったために，間違ったことを言ってしまったのです。それから，大きく口を開けろ，というのも誤りです。口はむしろ少しだけ開けるのです。大きな口をあけたり，仰向いたりすると r はかすれて ch (ach というときの ch) になってしまいます。――ここに改めて罪を天下に謝し，ウガイ論を撤回致します。

喉の奥の何がふるえるのか，という事もついでに述べておきましょう。アーといって大きく口をあけると，喉の奥に，俗に „のどひこ“ とか „のどちんこ“ とかいう，変なものがブラさがっているでしょう？　風邪を引いたときに，例のイヤな茶褐色の薬をグイと塗られてゴホン・ゴホンとやるじゃありませんか。あの時にはこの „のどちんこ“ の周辺を薬でなで回されるのです。„のどちんこ“ だって何ちんこだって，一体ちんこって奴は繊細かつ敏感ですから，こいつに薬を塗られちゃあやり切れない，誰だってゴホン・ゴホンとやります。

そんな事はマアどうでもよいが，この『ノドチンコ』のことをドイツ語では「喉のツララ」Zäpfchen [ツェップフヒェン] といいます。チンコよりツララの方が上品ですね。日本人て奴はなんて馬鹿なことをいうんでしょう。いくら似ていたって，チンコだなんて！

エート，何の話をしかかっていたのだっけ・・・そう，ツララの話です。(チンコの話はやめましょう。) ドイツ語では，喉で発音する r のことを Zäpfchen-r（ツララの r）といいます。それは，喉の奥というのは，実はこのツララがふるえるのです。ツララばかりではない。ツララの前後左右の軟らかい，ベラベラぶら下がっている赤い肉がふるえるのです。

第 2 回 定期試験

【子音の発音に関する復習として】

[1] Kopf, Topf, Zopf 等の pf, Holz, kurz, Tanz 等の z はどう発音するか？

[2] b, d, g はいかなる場合に p, t, k と同じ発音になるか？

[3] ch を，喉で発音するのはどんな場合か？

[4] 英語用のタイプライターで ß を打つ時には何を以てこれに当てはめるか？

[5] x と同じ発音をする純粋なドイツ綴は何か？

[6] ドイツ語の qu と英語の *qu* とは，発音がどう違うか？

[7] 英語の *v* とドイツ語の v とは，発音がどう違うか？

[8] 英語の *w* とドイツ語の w とは，発音がどう違うか？

[9] s を濁音に発音するのはどんな場合か？

[10] st, sp を scht, schp のように発音するのはどんな場合か？

[11] Japan「日本」は何と発音するか？

[12] Geige [ガイゲ]「ヴァイオリン」の -ge と Zunge [ツンゲ]「舌」の -ge とは，ge の発音がどう違うか？

[13] t を z のように発音するのはどんな場合か，例を挙げよ。

[14] 次の発音仮名の誤りを直せ。

Hand	**ハ**ンド	手
Staat	ス**タ**ート	国家
Ochs	**オ**ホス	牡牛
machen	**マ**ッヒェン	英: *make*
Volk	**ヴ**ォルク	国民
Kutsche	**ク**ットシェ	馬車
Zorn	**ゾ**ルン	怒り
Wort	**ウ**ォルト	言葉
Sonne	**ソ**ンネ	太陽
Ost	**オ**シュト	東方

[15] 次の語を発音せよ。

Seife	石鹸
Sache	事がら

wachsen	成長する
gesund	健康な
Station	駅
bald	間もなく
Schlag	打撃
Grad	程度
Zwang	強制
Dampf	蒸気
Qualität	質(しつ)
Pflanze	植物
Esel	ろば
Milch	牛乳
sechs	6
Achse	軸
Krieg	戦争
Thema	主題
Veilchen	すみれ
Gletscher	氷河
Zaun	垣根
Jäger	狩人
Paß	パスポート
gelb	黄色の
Lied	歌
Philologie	文献学

文法と読本

進行上の注意

以上で，発音は終りました。これからが，いよいよ文法一路の滑走です。機体がふわりと浮いて，自力研究の大空の人となるまで！

発音の部では，単語は別に暗記しなくてもよかったのですが，これからは，出てくる単語は全部覚えなくてはなりません。

最も必要なのは読本の部です。読本の部は単に一度や二度読んだのでは駄目。ほとんど暗記するほど読みましょう。

第1講
動詞の不定形と人称変化

ドイツ語の文法というやつは，どの講義録を見ても，申し合わせたように名詞と定冠詞から始まっている。私は必ず動詞から始めます。それは，単語ばかり並んでいる講義が長いこと続くと，読む人がうんざりすると思うからで，それよりは，はやく「文章」に接し，文章の関係から名詞を会得(えとく)して行く方が面白いからです。

不定形とは何か ?

動詞は，日本語でも，「行く」「行か」「行け」といったように色々に語尾変化をします。結局「行く」という動詞の不動不変の部，すなわち「語幹」は，ローマ字で書けば yuk- となりましょう。それに -u, -a, -e, -i 等の語尾がついて諸種の用法が生ずるわけです。

ドイツ語の動詞もその通りで，たとえばその「行く」・・・というよりはむしろ yuk- に相当する語幹は geh- [ゲー] [英: *go*] で，それに色々な語尾がついて諸種の形が生まれます。

この「語幹」(英語で *stem* または *root* というやつ) という現象を忘れないで下さい。英語や中国語とはちがって，ドイツ語や日本語をやる時には，語尾変化 (転尾ともいいます，鯉(こい)などのようにお尻尾をひょいひょいと左右に転じて，てこずらせるからでしょう) というものが非常に重要ですから，したがって，尾を取り去った胴体だけに対するはっきりした認識が必要になってくるわけです。

さて，日本語の yuk- にかえって考察すると，語幹はなるほど yuk- きりだが, yuk- なんて形は決して用いはしない。基本形として辞書にでも挙げる際には，それに -u という基本語尾をつけて挙げる。

この点ドイツ語の geh- についても同じ事がいえます。geh- だけでは「行く」

の意にならない。辞書には，それに基本語尾 -en をつけた geh-en [**ゲ**ーエン] という形が挙げられている。（どんな動詞でも，アクセントは必ず語幹の方にあります。振り仮名は，常に太文字のある場所に注意して発音すること。）

この -en という語尾を不定形語尾といい，不定形語尾の付いた形を「不定形」と呼んで，動詞を「挙げる」時には必ずこの形を用います。不定形は動詞の基本形なのです。

なぜ「不定」形というか？──それは，この基本形を，実際用いる際には，たとえば「私が行く」なら ich geh-e [イヒ　**ゲ**ーエ] といって -e に転尾し，「君が行く」なら du geh-st [ドゥー　**ゲ**ースト] と st に転ずるといったように，その前に置かれる「主語」によって色々に変りますが，gehen という形の方は，たとえば助動詞を介して ich will gehen [イヒ　**ヴ**ィル　**ゲ**ーエン], du willst gehen [ドゥー　**ヴ**ィルスト　**ゲ**ーエン]「私は行くつもりだ，君は行くつもりだ」といったように，「私」にでも「君」にでも，「彼」にでも，だれにでも用いられて，will, willst という助動詞こそ，その形によってはっきりと主語の「人称別」を明示しているが，gehen の方は明らかにこれぞと定まった人称を示していない，だから不定形というのです。

だから，人称変化（私，君，彼などによる転尾のこと）をした gehe, gehst は，各々「私が行く」「君が行く」という1つの短い文章ですが，不定形の gehen は，むしろ「行く事」・・・すなわち，「事」という訳語でもわかる通り，いわば名詞なのです。Ich will gehen.「私は行くつもりだ」は，厳密にいえば，私は「行く事を」欲する，という意味で，will だけが動詞的用法で，gehen はむしろ「私は御飯を食べる」という時の「御飯」と同じく，1つの名詞なのです。

これも，これからの理解に非常に重要ですから，ハッキリと覚えて下さい。「不定形は一種の名詞である」。

英独不定形くらべ

ここでちょっと，英語の動詞と，ドイツ語の動詞とを比較しておくと，そのへんの関係がますます明瞭になります。geh- という語幹に歴史的に相当する英語は *go* です。ところが，英語の方は，語幹ばかりでなく，不定形までが同じく *go* です。こいつが実にけしからん。こんな国語ってあったものじゃない。どこの国語だって，不定形の語尾というものは必ずある。日本語は -u，ドイツ語は -en，フランス語は -er その他，ラテン語は -are, -ere その他，ギリシャ語は -ein その他，等々々々・・・

とにかく英語には不定形語尾がない。次にお行儀正しく燕尾服を着てかしこまっているドイツ語の動詞と，燕尾の尾をチョン切っちゃって背広で居直っている英語とを比較して見ましょう。語幹がすっかり同じなのと，発音が多少違うのとに注意。

(独)	(発　音)	(英)	(意　味)
sinken	ズィンケン	*sink*	沈む
singen	ズィンゲン	*sing*	歌う
sitzen	ズィッツェン	*sit*	坐っている
setzen	ゼッツェン	*set*	置く
finden	フィンデン	*find*	発見する
bringen	ブリンゲン	*bring*	持って来る
denken	デンケン	*think*	考える
danken	ダンケン	*thank*	感謝する
fallen	ファレン	*fall*	落ちる
lieben	リーベン	*love*	愛する
leben	レーベン	*live*	生きる
helfen	ヘルフェン	*help*	助ける
beginnen	ベギンネン	*begin*	始める
kommen	コンメン	*come*	来る
tanzen	タンツェン	*dance*	踊る

省略的な不定形語尾

普通の不定形語尾は -en ですが，語幹そのものが er または el に終っている動詞は e を省いて -n のみをつけます。

(独)	(発　音)	(英)	(意　味)
wandern	ヴァンダーン	*wander*	歩く
hungern	フンガーン	*hunger*	飢える
schlummern	シュルンマーン	*slumber*	まどろむ

stammeln	シュタンメルン	*stammer*	どもる
zwinkern	ツヴィンカーン	*twinkle*	瞬(また)く
zwitschern	ツヴィッチャーン	*twitter*	さえずる
hämmern	ヘンマーン	*hammer*	ハンマーで打つ

それから，非常に重要な動詞である次の 2 個が，er, el で終っていないにかかわらず -n 語尾をとります。これはもう不規則としてこのまま覚えることです。

(独)	(発　音)	(英)	(意味)
sein	ザイン	*be*	ある
tun	トゥーン	*do*	なす

人　称　変　化

以上で，不定形の話は終りました。こんどは，不定形ではなくて，「私」とか「君」とかいう主語をつける場合の転尾の話になります。

この場合に特に注意していただきたいのは，転尾はすべて語幹を基準にして行われるという事です。——次にまず gehen「行く」を 1 例に取って，それを完全に人称変化した表を挙げましょう。これをまず完全に暗記して口調が口に付くように慣らして下さい。

gehen（行く）の人称変化

単　数	第 1 人 称	ich geh-e	[イヒ　ゲーエ]	私が行く
	第 2 人 称	du geh-st	[ドゥー　ゲースト]	君が行く
	(同じく敬称)	Sie geh-en	[ズィー　ゲーエン]	あなたが行く
	第 3 人 称	er geh-t	[エア　ゲート]	彼が行く
		sie geh-t	[ズィー　ゲート]	彼女が行く
		es geh-t	[エス　ゲート]	それが行く
複　数	第 1 人 称	wir geh-en	[ヴィーア　ゲーエン]	我らが行く
	第 2 人 称	ihr geh-t	[イーア　ゲート]	君達が行く
	(同じく敬称)	Sie geh-en	[ズィー　ゲーエン]	あなた達が行く
	第 3 人 称	sie geh-en	[ズィー　ゲーエン]	彼らが行く

備　考 1　2人称は，単複とも，「君」と「あなた」との2種類があります。他人行儀な間柄，すなわち日本語で「あなた」という際にはすべて敬称の方を用います。その際，代名詞が大文字で始まっているのに注意して下さい。英語は「私」を大書して *I* といい，相手を小書して *you* という。これはちょっとおかしな話で，英国人というやつは，相手よりも自分の方を重視しているような感じを与えますね。ドイツ語は ich は小書し，Sie を大書する。これが社会的にも本当でしょう。——では du「君，お前」と ihr「君達，お前達」の方はどんな時に用いるかというと，これは，親子間，夫婦間，友人間，恋人同志，あるいは大人が子供に向かって親しく話しかけるとき，あるいは神に向かって祈願の文句を向けるとき，あるいは文学的に調子をあげて「おお汝よ･･･」とか何とか言う時，要するに心と心との間に直接交渉がひらけた時に用いるもので，これを最も意義深く名づけんとするならば，「端的2人称」あるいは「心の2人称」とでもいった方がよいかもしれません。普通は，Sie という「敬称」に対して，du はこれを「親称」と呼んでいます。大分前の話ですが，„Ihre Hoheit befiehlt“ [**イ**ーレ **ホ**ーハイト　ベ**フ**ィールト]（「殿下は命ず」——王女様御命令とか何とか題が訳してありました）という映画を見に行ったら，お忍びの王女と中尉とが恋に落ちる場面で，「これからもう du と言い合いましょう，もし間違って Sie といったら銀貨を1枚ずつテーブルの上へ置いて，それで勘定を支払いましょう」という約束をして，中尉の方がまたしてもまたしても今までの惰性で Sie と言って，結局すっかりおごらされるという面白い場面がありました。もっとも男女そろってどこかへはいれば男の方がおごるのは当り前なんだが，それをドイツ語文法の応用で面白おかしいラヴシーンにしたところが監督の手柄です。——**2**　敬称 Sie gehen は，3人称複数 sie gehen「彼らが行く」の sie を大書しただけのものであることがわかりましょう。だから，動詞の形を知るための人称変化表では，敬称の2人称は，挙げてないのが普通です。複数3人称と必ず同形（大書だけは別として）なのですから。——**3**　小書する sie が，「彼女」という意の場合と，「彼等」の意の場合と，2つあります。しかし動詞の語尾がちがうから，それで区別がつきます。——**4**　複数の sie「彼ら」は，男性，女性，中性の差別なく用います。性の区別があるのは単数3人称だけです。性については後章に譲ります。——**5**　wir「我々」と sie「彼ら」と Sie「あなた」に対する人称語尾は，いずれも -en または -n で，不定形と同形。——**6**　単数3人称を各性挙げたのは，単に代名詞の紹介をするためで，動詞そのものの形は全く違いませんから，今後は，形式を簡単にするために，単数3人称は er「彼」で代表させることにします。

人　称　語　尾

前項の表は，代名詞の紹介かたがた，詳しく掲げたものですが，これを人称語尾を主にして表にすると次のようになりましょう。

[不定形] -en または -n

		単数（略号 *s*）		複数（略号 *pl*）
1.	私	-e	我ら	-en (-n)
2.	君	-st	君達	-t
3.	彼	-t	彼ら	-en (-n)

必ずしもすべての動詞がこの表に従って人称変化できるというわけではありません。しかし，大部分の動詞が，この表に従うものであり，それ以外は不規則人称変化として，これにはまた別に 2, 3 の法則がありますから，いずれまた後で，人称変化の異例に関する 1 講を設けて，まとめて論ずることにします。

上の表に従って変化せよ

kommen	コンメン	来る
gehen	ゲーエン	行く
stehen	シュテーエン	立っている
lernen	レルネン	学ぶ
denken	デンケン	考える
leben	レーベン	生きる
lieben	リーベン	愛する
rauchen	ラオヘン	喫煙する
wandern*	ヴァンダーン	歩く
zweifeln*	ツヴァイフェルン	疑う

1 例として lernen「学ぶ」を表示します。

不定形 **lernen** [レルネン] 学ぶ

ich	lerne	[レルネ]	wir	lernen	[レルネン]
du	lernst	[レルンスト]	ihr	lernt	[レルント]
er	lernt	[レルント]	sie	lernen	[レルネン]

口調に関する 2, 3 の法則

ただ, wander-n, zweifel-n 等, 語尾が -n のみのものは, 人称語尾もまた, -en のところを -n にしなければなりません。

不定形 **zweifeln** [ツヴァイフェルン]「疑う」

ich	zweifele*	[ツヴァイフェレ]	wir	zweifeln	[ツヴァイフェルン]
du	zweifelst	[ツヴァイフェルスト]	ihr	zweifelt	[ツヴァイフェルト]
er	zweifelt	[ツヴァイフェルト]	sie	zweifeln	[ツヴァイフェルン]

備　考　ich zweifele は, 普通は動詞本体の -e- が省略されて ich zweifle [ツヴァイフレ] となります。

それから, これもいずれまとめて述べますが, 人称語尾をつけるときに, 似たような子音が衝突を起して発音しにくくなると, 間に e をはさんで発音しやすいようにします。たとえば finden「見出す」を変化すると, ich finde はよいのですが, du findst では dst のところがちょっと発音しにくい。それから er findt は, これはほとんど発音できない。そこで du findest [フィンデスト], er findet [フィンデット] とやります。

reisen [ライゼン]「旅行する」の人称変化は次のようになります。

不定形 **reisen** [ライゼン]「旅行する」

ich	reise	[ライゼ]	wir	reisen	[ライゼン]
du	reist	[ライスト] (又は reisest)	ihr	reist	[ライスト]
er	reist	[ライスト]	sie	reisen	[ライゼン]

語幹が -s, -ß, -z に終る動詞の場合, du の人称変化で, 語尾が sst, ßst, zst となるのを嫌って, 人称語尾 -st の s を省き, -t を付けるものです。次に述べる「口調上の e」を入れて reisest とやってもかまいませんが, 現在では -t を付ける方が普通です。その際に注意していただきたいのは, er に対する人称変化 (er reist) と全く同じになることです。

口調上の e

以上は口調に関する法則ですが，zweifele の代りに e を省いて zweifle としたり，find-t を findet として e を入れたり，とにかく e という母音は非常に融通の利くものだという事がわかりましょう。この e を「口調上の e」と言います。不定形の語尾 en を n にするのも，同じく口調から来ているのです。——ここでは動詞だけの話ですが，これから後，名詞，形容詞その他をやる時に，この「口調上の e」がしょっちゅう問題になります。

人称変化した形を「定形」(verbum finitum) と呼ぶ

この「定形」という文句をよく覚えておいて下さい。「不定形」に対して区別するための名称です。たとえば「私は喫煙しに行く」というのを

Ich gehe rauchen.
イヒ　ゲーエ　ラオヘン

といいますが，この際，ich に従って人称変化しているのは gehe だけで，rauchen の方は不定形のままです。こいつを両方とも人称変化して ich gehe rauche などといってはいけません。そうすると「私は行く，[そして] 喫煙する」(すなわち ich gehe, rauche または ich gehe und rauche) のようにきこえます。もう1つ例をあげると，——

Er lernt singen.
エア　レルント　ズィンゲン

彼は歌うことを習う

「習う」が定形で，「歌う」の方は，前にもいったように，名詞的用法ですから不定形（不定法というも同じ）になります。ich gehe rauchen の方も，構造としては「私は喫煙し行く」です。日本語ではちょっとおかしいが，ドイツ語ではそういうのです。

読者　先生，ちょっと質問をさせて下さい。人称変化のことはまず大体わかったような気がしますが，ich とか du とかいったような，いわゆる代名詞の場合ばかりが出て来て，まだ「少女が歌う」とか，「春が来る」とかいったように，ほんとの名詞を主語にする例が出てこないようですが，そういう場合には，いったいこれらのうちのどの定形を使うのですか？

講師　それは，またいずれ先へ行ってからやるのですが，そういう時には「3人称」を使うのです。少女ならば，つまり「彼女」の意ですから，sie singt「彼女は歌う」というのと同じ様に，その singt を用いて das Mädchen singt［ダス　**メ**ートヒェン　**ズ**ィングト］といえばよいわけです。ただし複数になって主語が die Mädchen［ディー　**メ**ートヒェン］となると，こんどは「彼ら」(sie sing-en) と同じ扱いですから，die Mädchen singen となります。

読者　横道にそれますが，その Mädchen の発音は［**メ**ッチェン］と習ったことがありますが，それではいけませんか？

縮小名詞と縮小語尾 -chen, -lein

講師　いけません。第一 Mäd- という綴は，英語の *maid, maiden* に当るので（本来は Magd［**マ**ークト］），長綴です。それから -chen という語尾は，いわゆる縮小名詞を作る「縮小語尾」なので，ちゃんと分けて発音します。Mäd- は「娘っ子」Mädchen［**メ**ート　ヒェン］はつまり「小さな娘っ子」「可愛い娘さん」という原意で，それが *girl* を意味するようになったのです。「メッチェン」も「メーチェン」もいけません。「**メ**ーチヒェン」というならまだ多少あたっています。d (=t) からすぐ ch に移るために，d 音がほとんど tsch のようになることは事実です。発音の実際からいうと「**メ**ートヒェン」という仮名通りに発音するよりはむしろ「**メ**ーチヒェン」という仮名の通りに発音する方が，ずっとドイツ人の発音に近いでしょう。

読者　「**メ**ートヘン」はどうです。

講師　それはもう全然まちがいです。ich-Laut と ach-Laut とを間違えているじゃありませんか。［ヘン］は変ですな。

読者　神田の神保町に「メッチェン」という喫茶店がありますね。どうも，ハイカラがってドイツ語の Mädchen のつもりで付けた名らしいが，するとあれは間違いですね。

講師　ドイツ人が実際発音するのをそのまま荒っぽく写した音としては，それでも結構でしょう。講座とコーヒー店とはちがいますから。

読者　縮小名詞は，何にでも -chen［ヒェン］をつければできるのですか？

講師　何にでもとは行きません。それから -chen の外に -lein というのもあります。

Mann	マン	男
Männchen	**メ**ンヒェン	小男
Männlein	**メ**ンライン	小男

縮小名詞になるときに母音が変音するのに注意して下さい。

読者　時々 du が大文字で Du と書いてあるのを見たことがありますが，あれはどんな場合です。

講師　それは，手紙等で，相手に向かって直接に話しかける時です。

読者　2人称という以上は，みんな相手に向かって直接話しかけるのではありませんか？

講師　そうではありません。たとえば小説家が小説の中の人物甲をして乙に話しかけさせる時などがあります。この際は小文字です。

読者　ああそうですか，つまり筆者自身が直接に相手に話す時はという意味ですか。

講師　まあそうです。けれども主として手紙で，それ以外はまれです。

読者　英独の動詞不定形が比較してあるところですね，あすこに並んでいる動詞，その他その後この講座のなかに出て来た動詞は，すべて教わった通りの人称変化をするのですか？

講師　いやいや，それはとんだかん違いです。ちゃんと断わっておいた通り，人称変化の不規則はたくさんあります。あすこに出ているものでも，たとえば sprechen「話す」などは，du と er の所で，「語幹」そのものの母音が変化して ich spreche, **du sprichst, er spricht,** wir sprechen, ihr sprecht, sie sprechen となります。

読者　では，規則は学んだが，さてそれをどんな動詞に応用していいかは，我々にはまだ全然見当がつかないという訳ですね。

講師　「全然」はあんまり極端ですね。どんな動詞が規則的に行くかはまず，55頁に課した問題がありましょう？　まず当分はあれだけが規則的と思って覚えて下さい。それから，3段の表にしてあげたものを必ず覚えて下さい。そうすれば今に段々と見当がついてきます。

読者　英語の *you* は，するとドイツ語の du, Sie いずれに相当するのですか？

講師　両方に相当します。しかし，昔は英語にも du に相当する *thou*［ザウ］，それから ihr「君達」に相当する *ye*［イー］という形があったものです。また *thou* の際には，現今のドイツ語と同じように，-st という人称語尾をつけたものです。シェークスピアあたりの英語を読めば，それが出てきます。

読者　それから，発音の振仮名は，まあ親切に1つ1つ振ってあるのも結構ですが，あまり何度も出てくる語は振らないでいただきたいと思いますね。ちょっと前を見なおす・・・ぐらいの方が力がつきますから。

講師　それは私も大変楽です。適当にそういう風にやりましょう。

これからいよいよ読本を読みます。読本で一番肝心なのは「音読」をして，我流でも何でもよいから，振仮名に従って軽快に発音ができる事と，発音すると同時にパッと直観的に文章の意味がわかる事です。

決してむずかしい文章ではありませんから，2, 3回繰り返して読めば，ドイツ語の文章の構造はよくわかります。こうして実感をつけて行った後，少しかわった構造については，注の方で文章論的な法則を述べていきます。注も講義の進行の重要な一部分ですから，お見落しないようにねがいます。

LEKTION 1

同じ単語を何度も何度も繰り返して用いますから，ただ1度読んで通ったきりでもある量の単語は完全に覚えるはずです。こういう風にやりながら，次第に程度を上げて行こうというのが読本部の計画です。常用単語の基礎を作る意味も加味されてあるのですから，読本はほとんど暗記するほど，何度も繰り返してお読み下さい。

新 単 語

Japan ヤーパン	日本	Deutsch ドイチュ	ドイツ語
in イン	英語の *in*	Deutschland ドイチュラント	ドイツ
lehren レーレン	教える	Amerika アメーリカ	アメリカ
nach ナーハ	・・・へ（・・・の方へ）	von フォン	英語の *from*
trinken トリンケン	飲む	und ウント	英語の *and*
nicht ニヒト	英語の *not*	noch ノホ	まだ，なお
glauben グラオベン	信ずる	wohnen ヴォーネン	住む
singen ズィンゲン	歌う	sagen ザーゲン	言う

1. Ich liebe Lotte.
イヒ　リーベ　ロッテ

2. Du liebst Lotte.
ドゥー　リーブスト　ロッテ

3. Er liebt Inge.
エア　リーブト　イング

訳　1. 私はロッテを愛する。　2. 君はロッテを愛する。　3. 彼はインゲを愛する。

4. Sie wohnt in Deutschland.
ズィー ヴォーント イン ドイチュラント

5. Wir wohnen in Japan.
ヴィーア ヴォーネン イン ヤーパン

6. Ihr wohnt in Amerika.
イーア ヴォーント イン アメーリカ

7. Peter lehrt Lotte.
ペーター レーアト ロッテ

8. Inge lernt Deutsch.
インゲ レルント ドイチュ

9. Sie kommen von Amerika.
ズィー コッメン フォン アメーリカ

10. Er geht nach Berlin.
エア ゲート ナーハ ベルリーン

11. Ich lehre und lerne.
イヒ レーレ ウント レルネ

12. Wir lernen singen.
ヴィーア レルネン ズィンゲン

13. Sie raucht und trinkt.
ズィー ラオホト ウント トリンクト

14. Er singt und tanzt.
エアズィングトウント タンツト

15. Du lernst Deutsch.
ドゥー レルンスト ドイチュ

16. Er kommt von Deutschland.
エア コムト フォン ドイチュラント

17. Ich gehe nach Japan.
イヒ ゲーエ ナーハ ヤーパン

18. Du wohnst in Berlin.
ドゥー ヴォーンスト イン ベルリーン

19. Ihr singt noch nicht.
イーア ズィングト ノホ ニヒト

---

4. 彼女はドイツに住んでいる。
5. 我々は日本に住んでいる。
6. 君達はアメリカに住んでいる。
7. ペーターはロッテを教える。
8. インゲはドイツ語を習う。
9. 彼らは（または，あなた[方]は）アメリカから来る。（すなわち，アメリカから来ているということ）。
10. 彼はベルリンへ行く。
11. 私は教えかつ習う。
12. 我々は歌うことを習う。
13. 彼女は喫煙しかつ飲酒する。
14. 彼は歌いかつ踊る。
15. 君はドイツ語を習う。
16. 彼はドイツから来る。
17. 私は日本へ行く。
18. 君はベルリンに住んでいる。
19. 君達はまだ歌わない。

20. Lotte lernt von Peter.
ロッテ レルント フォン ペーター

21. Ihr wandert nach Berlin.
イーア ヴァンダート ナーハ ベルリーン

22. Ich rauche noch nicht.
イヒ ラオヘ ノホ ニヒト

23. Ich glaube, er kommt nicht.
イヒ グラオベ エア コムト ニヒト

24. Er sagt: „Ich trinke nicht."
エア ザークト イヒ トリンケ ニヒト

25. Ihr kommt von Amerika.
イーア コムト フォン アメーリカ

26. Gehen Sie nach Japan?
ゲーエン ズィー ナーハ ヤーパン

27. Kommen sie noch nicht?
コッメン ズィー ノホ ニヒト

28. Sie sagen: „Wir glauben nicht."
ズィー ザーゲン ヴィーア グラオベン ニヒト

29. Wohnen Sie noch in Amerika?
ヴォーネン ズィー ノホ イン アメーリカ

30. Lernen Sie Deutsch?
レルネン ズィー ドイチュ

31. Sie lernt noch singen.
ズィー レルント ノホ ズィンゲン

32. Er reist von Japan nach Deutschland.
エア ライスト フォン ヤーパン ナーハ ドイチュラント

33. Ich glaube, er lebt noch.
イヒ グラオベ エア レーブト ノホ

---

20. ロッテはペーターから習う。
21. 君達はベルリンに向かって徒歩旅行する。
22. 私はまだ喫煙しない。
23. 私は彼が来ないと思う。(ich glaube は英語の *I think*, または *I suppose*.)
24. 彼は言う:「私は酒を飲まない」と。
25. 君達はアメリカから来る。
26. あなた[方]は日本へ行きますか?
27. 彼らはまだやって来ないか?
28. 彼ら(または, あなた方)は言う:「我々は信じない」と。
29. あなた[方]はまだアメリカにお住まいですか?
30. あなた[方]はドイツ語を習っていますか?
31. 彼女はまだ歌を習っている。
32. 彼は日本からドイツへ旅をする。
33. 私は, 彼はまだ生きていると思う。

34. Wir singen und tanzen.
ヴィーア ズィンゲン ウント タンツェン

35. Kommt er von Berlin?
コムト エア フォン ベルリーン

36. Sie lehrt singen und tanzen.
ズィー レーアト ズィンゲン ウント タンツェン

37. Er liebt, und sie liebt nicht.
エア リーブト ウント ズィー リーブト ニヒト

38. Geht ihr nach Deutschland?
ゲート イーア ナーハ ドイチュラント

39. Singen sie noch nicht?
ズィンゲン ズィー ノホ ニヒト

40. Rauchst du noch nicht?
ラオホスト ドゥー ノホ ニヒト

---

34. 我々は歌いかつ踊る。
35. 彼はベルリンから来ますか？
36. 彼女は歌とダンスとを教えている。
37. 彼は愛し，彼女は愛さない。
38. 君達はドイツへ行きますか？
39. 彼らはまだ歌いませんか？
40. 君はまだタバコを吸わないのですか？

注と文章論

[1] **疑問文は定形動詞と主語とをさかさまにする。**たとえば35番の Kommt er von Berlin? です。「彼はベルリンから来る」という文章だったら Er kommt von Berlin. といいますが，これは疑問文だから Er kommt の代りに Kommt er . . . という語順になります。また英語のように *Does he come?* などと，疑問文に特に *do* 等の助動詞を用いるということはやりません。

[2] たとえば9番などの，文頭の Sie に注意して下さい。大文字です。大文字だからといって必ず敬称2人称(あなた)だとは断言できません。文頭では，元来小文字のはずの語も，必ず大文字になるからです。ここは「あなた(方)」あるいは「彼等」です。これだけの文例では，別にどちらと決めるわけにはいきません。こういうことがしばしば起こってきますから注意して下さい。ことに口で言う場合には，前後の関係で察するよりしかたがないのです。——sie「彼女」でないことだけは確かです。動詞が kommt でなくて kommen ですから。

[3] 単語のアクセント（力点）には常に注意して下さい。とにかく振仮名の太文字のところを一段声を揚げてかつ強く読むようにして下されば，ほぼ正しい発音ができるわけです。たとえば Japan [**ヤ**ーパン] 等です。Japan は英語では *Japan* [ジャ**パ**ン] と [**パ**] の方にアクセントがあって，ドイツ語とは反対です。Berlin [ベル**リ**ーン] にも注意を要します。

[4] er「彼」は，力を入れるときには「**エ**ーア」と長く引くのが本当ですが，軽く発音するときには「エア」でよろしい。

読本部が完全に読めたら，それだけでは満足しないで，なおも一歩を進めて，こんどは日本語訳の方を見ながら，原文を思い出しつつノートにでも書いてごらんなさい。そうすると断然自信ができてきます。小生もラテン語を初めてやる時にそうやりました。ラテン語は神田のアテネ・フランセで教わったのですが，校長の Cotte さんに認められて，始めてから1年後に，厚顔にもそのラテン語を教える先生になりました。よく勤まったものだと思って，思い出すと顔が赤くなるが，それは，とにかく今いったような方法で勉強したから，中級以上のことは大してわかりもしないくせに，まず初歩だけは相当自信ができてしまったというわけだったのです。この方法は切におすすめします。

第2講
名詞の格変化

名詞は大文字で

ドイツ語の名詞の特徴は，まず,語のはじめを大文字で書くということです。(すっかり大文字で書くという事ではなくて，語頭の文字だけをです。)

[独]　der Mann [デア マン] 男
[英]　*the man*

英語では，固有名詞を大文字で書いたり，その他多少の例外的なものを大文字で書くが，ドイツ語は，固有名詞たると普通名詞たるとを問わず，いやしくも名詞たるものはことごとく大文字で書く。これが英語その他の言語と非常に違っている点です。もちろん，英語やフランス語その他のように，小文字にしてしまえという運動，並びにその実行者も無いではないが，それは，我国のローマ字主義者みたいなもので，現在のままのドイツ語を習う我々にはまず無関係と見てよいでしょう。

名詞には性の区別というものがある

これがちょっと英語とちがっています。——ただし英語の名詞にも全然性がないわけではない。たとえば，ある種の名詞を代名詞で受けるときに，*she* といって，女性と見なすという慣習がある。昔はもちろん，単語の1つ1つについて，これは女性だ，これは男性だ，これは中性だといったように，「文法的」にちゃんと性の区別がはっきりしていたので，その跡が今でも多少残っているために，草花とか，船とかを代名詞で受けるときには *she* を取るという現象もあるにはあります。しかし大体において，英語には性というものがもはやハッキリしていない，それに対してドイツ語では，すでに形の上で性がハッキリしているから，すべてにおいて性を尊重しなければなりません。

語が性を有するなり，概念が性を有するに非ず

けれども，ドイツ語は，そんな漠然とした感じから出立した性ではなくて，単語そのものについてきまっているのです。たとえば，そこに1つの家がある。それを指して，普通の，英語の *house* に相当する Haus [ハオス] という語で呼ぶならば，Haus という語そのものが文法的に中性だから，中性の冠詞をつけて das Haus [ダス　ハオス] という。けれども，「建築」「建築物」(Bau [バオ]) と呼べば，こんどは Bau という語が男性だから der Bau [デア　バオ] といわなければならない。「住居」(Wohnung [ヴォーヌング]) といえば女性になって die Wohnung [ディー　ヴォーヌング] となる。——つまり，同じ1つの物が，ちがった語で呼ぶたびに性がかわるという事もあり得るのです。故に，性は，語にあるのであって，決して「物」そのものに性の概念が付帯しているというわけではありません。よく間違いが起こる点ですから特に注意しておきます。

「家」は何性だったっけなあ？ なんてのは，疑問そのものが認識不足です。家は何性でもない。Haus が中性，Wohnung は女性，Bau は男性です。

次に，ほんの1例をあげます。

各性名詞の例 (冠詞に注意せよ)

男性	der Baum	[バオム]	木
	der Tisch	[ティッシュ]	机
	der Himmel	[ヒンメル]	天
女性	die Blume	[ブルーメ]	花，草花
	die Stadt	[シュタット]	町，都市
	die Tasche	[タッシェ]	かばん，バッグ
中性	das Buch	[ブーフ]	本
	das Wort	[ヴォルト]	言葉
	das Fenster	[フェンスター]	窓

こういうわけですから，木とか，花とか，言葉とか，とにかく日本語で思い浮かぶ概念からしてドイツ語の単語の性を発見する方法はありません。始めのうちはどうしても単語1つ1つについて暗記するより仕方がないのです。けれ

ど，花が女性なんてのは，すぐ覚えられるわけですね。

定冠詞を付けて暗記せよ

けれども，幸い定冠詞というやっかいなものがあって，これが性によって違っているのですから，災を転じて福となすの意味において，こいつを心理的に応用するのがよろしい。すなわち，当分のうちは，名詞は必ず定冠詞つきで覚えるのです。たとえば「机」は「デア　**ティ**ッシュ」だと覚える。単に「**ティ**ッシュ」と覚えるのとそう大した努力の相違はないはずです。そうしておけば，頭が性を忘れても口調がこれを覚えている。ええと「デア　**ティ**ッシュ」は何性だったっけなあ···ああそうか，デアだから男性だ···といったようにですね。

名詞は必ずしも定冠詞のみをつけて用いるとは限らない。もちろん定冠詞以外のものをつけ，またときには全然何もつけないこともあります。けれども定冠詞をつけるのがまずいわば本格的な場合なのです。

性のある概念はおおむね自然の性に従う

Mutter [**ム**ッター]「母」が女性で Vater [**ファ**ーター「父」が男性なのは，これはあたりまえです。これが反対だった日には大変でしょう。

ときには das Fräulein [ダス　フ**ロ**イライン]「お嬢さん」とか，das Mädchen [ダス　**メ**ートヒェン]「少女」などの変態的なものもあるにはありますが，これはごく少数です。

縮小名詞 (-chen, -lein) は必ず中性

Mädchen と Fräulein が中性なのには，これにはちょっと文法的なわけがあるので，すなわち，前に1度お話した事のある「縮小名詞」というやつは，これは必ず中性ときまっています。-chen, -lein の語尾がつけば必ず中性なのです。たとえば Mann「男」は男性だが Männchen [**メ**ンヒェン]「小男」は中性で，das Männchen です。die Stadt [ディー　シュ**タ**ット]「都市」は女性だが das Städtchen [ダス　シュ**テ**ートヒェン]「小都市」は中性，それから Städtlein [シュ**テ**ートライン] としてもやはり中性です。

語尾による性の鑑別

この，縮小語尾 -chen, -lein でもわかる通り，性と語尾との間には密接な関係があります。Baum とか Himmel とかいったような，ごく基礎的なポツンとした単語はもちろん1つ1つその性を覚えていかなければなりませんが，多少長い語を覚え始めると，語尾の性さえ知っていれば，それで語の性がきまるのです。ポツンとした基礎単語は，大抵数もきまっていますから，その性をおぼえる事も従って，そう大した努力はいりません。無限に多いのは，多少込み入った構造を持っている派生語です。たとえば wohnen「住む」という動詞から来た，前述の Wohnung「住居」という語などがそれです。こんなものにまで1つ1つ勝手気ままな性があって，それを1つ1つ覚えるというのだったら，それはもちろん大変な話で，それでは第一ドイツ人がへこたれてしまう。やっぱりよくしたもので，Wohnung なんてものは，語尾の -ung でもってすぐに女性ときまってしまいます。つまり wohnen の語幹 wohn- にもって来て，女性語尾 -ung が付いて，同時に頭文字を大書して，die Wohnung「住居」という語ができたわけなのです。

詳しい講座であったら，これからいよいよその語尾の主なものを全部並べてみなさんをいじめるわけですが，本講座の使命は，なるべく早くドイツ語の中に突進するにあるので，断片的に後から覚えてもよいような事は略します。ここでは，この語尾の1例として，-chen, -lein と -ung だけを覚えておいて下さい。

性 の 略 号

単語の性を示すには，慣習として次のような略号を用いることになっています。

m	(Maskulinum の略)	男性
f	(Femininum の略)	女性
n	(Neutrum の略)	中性

辞書にしろ，文法書にしろ，たとえば Haus *n* としてあれば，中性名詞だという印です。

複合名詞の性は最後の名詞によって決まる

語尾で性が決まるのと同じわけで，２つ以上の名詞によって１つの名詞になっている場合には，一番最後の名詞が全体の性を決めます。たとえば Stadtleben［シュタット・レーベン］「都会生活」が中性で das Stadtleben というのは，Leben［レーベン］「生活」が中性だからです。Stadt の方は女性だが，これは関係しません。——これは理論的にもそうなくてはならないはずです。都会生活は「生活」の一種であって，「都会」の一種ではありませんからね。

それから，ここでも英語との相違が現われています。英語の複合名詞の大部分は２語に離して書きます（*city life* 都会生活）が，ドイツ語は密接に結びついて１語をなしてしまうのです。これから合成語がどんどん出てきますから，全体を漠然と見て，長いのに怖れをなしてはいけません。よく見ればどこかに知っている単語がはいっていることがあります。そして，それらの長い複合名詞の大部分は，必ずしも辞書には出ていません。その時々でつくり，その時々で解消されてしまうものが非常に多いのです。この点でドイツ語の辞書は，ちょっと見ると膨(ぼう)大ですが，根語はごくわずかです。wohnen を知っていれば Wohnung は知らなくてもだいたい見当がつくのです。本講座の読本部では，そうした根語の主要なものを確実におぼえて，単語暗記の基礎を造るようにしておきました。

性の数は国語によってちがう

ドイツ語は男・女・中の３性ですが，フランス語，イタリア語，スペイン語などになると男，女の２性しかありません。元来は，歴史的にいうと，３性あるのが本当なのです。サンスクリット，ラテン，ギリシャを初め，古い言葉はみんな３性あり，現在でも古い歴史をそのまま残しているロシア語，ドイツ語などはみんな３性です。

以上で性の話は終りました。性を見分ける方法の主要なるものに関しては，実例が出るたびに，読本の〔注〕の方で，規則にしてまとめていこうと思います。

格というものについて

名詞には，性ばかりでなく，まだその上に「格」という厄介なものがあります。格というのは，簡単にいうと，つまり日本語の「が」「の」「に」「を」という奴に当ります。たとえば，der Mann は「男が」に当り，des Mannes [デスマンネス] は「男の」に当るといったようなことです。日本語の「てにをは」で考えると，こういう格はかなりたくさんなければならないわけですが，ドイツ語には，その中の「が」「の」「に」「を」という4つに対する形があるわけです。

der Mann デア　マン	男が
des Mannes デス　マンネス	男の
dem Mann デム　マン	男に
den Mann デン　マン	男を

これから，名詞の格変化をあげる際には，すべてこの「がのにを」という順でやっていきます。

「がのにを」の表現は，英語では，一部は言葉の位置により，一部は *of* とか *to* とかいった前置詞でやり，日本語では「がのにを」という助詞でやり，ドイツ語ではこれを der, des, dem, den などの冠詞，及び Mannes の -es という語尾（これを格語尾といいます）などで表現しているわけです。1つの例としてまず der Mann の格変化，すなわち「男性強変化名詞」なるものの場合をよく覚えて下さい。

格の名称

これから後，語学書をお読みになる時の参考のために，今のところはマア直接の関係はありませんが，ちょっと格の名称を紹介しておきます。

第1格（が）	Nominativ ノーミナティーフ	（略号 N.）
第2格（の）	Genitiv ゲーニティーフ	（略号 G.）
第3格（に）	Dativ ダーティーフ	（略号 D.）
第4格（を）	Akkusativ アクザティーフ	（略号 A.）

備　考　Nominativ などの原語を使わない時には，普通は第1格，第2格など，

番号で呼ぶのが一般の習慣です。ロシア語では，名格，生格などの名称で呼んでいますが，それはドイツ語とはちがって格の数がかなり多いからで，ドイツ語のように4つきりならば，数で呼ぼうと，特別な名をつけようと，大した差はありません。――初学者のためには，ほんとうは「が格」「の格」といったような名称の方が，すぐ意味の方を連想してよいと思いますが，番号で呼ぶのが一般の習慣ですから，しいて新しくする必要もなし，かつ「が格」「の格」はよろしいが，「に格」というと，「の格」の2格と混同したりして，システムが改まらないうちは色々な混乱が起るでしょうから，本書ではやはり一般の慣習に順応しておきます。しかし将来ドイツ語を教えるようになった時には「が格」「の格」などの名称を用いるようにしたいものですね。

格　語　尾

格語尾というのは，冠詞などと相呼応してその名詞の格を明示する語尾をいいます。すなわち des Mannes「男の」の -es は，文法的にやかましくいうと，「男性強変化名詞単数第2格の格語尾」なのです。

格語尾に関する規則はすこぶる簡単で（もちろん単数の話），要するに男性名詞と中性名詞の2格のみが問題になるのです。しかも男性・中性は同じ語尾をとります。すなわち2格において -es の語尾をとる，それっきりの話です。女性名詞は全然格語尾というものを付けず，ただ前に付く冠詞などによって格を示すにすぎません。

備　考　男性には，後でも述べますが，「男性弱変化名詞」という例外がありま す。けれども，これは数の上からいってもほとんど問題にならないほどで，一般的規則からいえば，例外扱いをしてよろしいのです。

2格語尾は -es あるいは -s

男性と中性の名詞に付ける2格語尾 -es は，ある場合には e を省いて単に -s のみを付けることがあります。des Mannes は，des Manns といってもよろしいのです。けれどもここは習慣と口調の問題で，ドイツ人でも -es にするか -s にするかは，そうはっきりと決まっているわけではありません。des Mannes の場合は，どちらかというと des Manns はあまりよくないので，やはり正式語尾 -es をつけて des Mannes という方がよろしい。こんな厄介なことは，作文を作るときには問題になりますが，皆さんのように，すでに書いてある原文の意味を取るのが当面の問題である方々にとっては，結局まあどうだってよろしいわけで，出てくるままを受け入れながら，おいおいと実感を養って下さい。

けれども，ある種の場合には，決して正式2格語尾 -es をつけないで，必ず略式語尾 -s でなければならない場合があります。たとえば der Vater [デア **フ**ァーター]「父」の2格は，必ず des Vaters [デス **フ**ァータース] です。これは des Vateres とやるわけにはまいりません。なぜでしょう？ これだけはちょっと理解しておかなくてはなりますまい。

その理由は，Vater という語のアクセントにあります。Va- のところにアクセントがあって，ter の方はごく弱く読みます。つまり英語の *father* と同じような発音法です。こんなのを，「最後に弱いつづりを曳(ひ)いている語」と呼んでおきましょう。

ドイツ語は，発音上の感じとして，どうも最後に「2つ」も弱いつづりを曳きずることを嫌います。前に Regen「雨」と regnen「雨が降る」との関係を話したのをもう1度思い出して下さい。Regen「雨」に，動詞不定形語尾 -en を付して「降雨する」という動詞を作るのですが，Re-gen がすでに Re- の方にアクセントを有して，-gen (正しくいえば -en) という弱いつづりをあとに曳いているから，regenen [**レ**ー・ゲ・ネン] となるのはすこぶる口調が悪い。そこで，幸い抜き差しの利く「口調上の e」があるから，真中の -e を1つ省いて reg-nen としたのです。

-es 語尾の e も，この「口調上の e」にすぎません。弱い語尾を2個ひきずるような結果になる時には抜いてしまわなければならないのです。

そういう例を2, 3あげると——

der デア	Onkel **オ**ンケル	伯父が	⟶	des デス	Onkels **オ**ンケルス	伯父の
der デア	Wagen **ヴ**ァーゲン	車が	⟶	des デス	Wagens **ヴ**ァーゲンス	車の
das ダス	Fenster **フ**ェンスター	窓が	⟶	des デス	Fensters **フ**ェンスタース	窓の
der デア	König **ケ**ーニヒ	王が	⟶	des デス	Königs **ケ**ーニヒス	王の

まあ大体において，-er, -el, -en の語尾を持っている名詞が主として問題になるのです。Königs は Königes でも構いません。

備　考　この -er, -el, -en を「語尾」という時には，丁度今やりつつある問題と関係して，「語尾」という言葉そのものによほど注意をする必要があります。これらは，名詞そのものがすでに始めから持っている語尾，すなわち「幹語尾」というやつです。これを，ただ今研究している「格語尾」と混同してはいけません。

3格語尾 -e について

昔は2格語尾の -es をとるものについては3格で -e の語尾を付けましたが，現在では3格は無語尾が一般的です。ただし，古い文章を読む際には，3格語尾の -e を見かけますし，現代ドイツ語でも慣用的な表現にはいくつか残っているものがあります。これについては注などで取りあげます。

中性名詞について

以上は，なるべく男性の格と冠詞を早く覚えていただきたいと思って，例語は主として男性名詞でやってきました。けれども，中性名詞もこれと同じにやっていくので，ただ冠詞だけが多少ちがうという点をここで改めて強調しておきます。-e の問題から見て中性の場合の変化を表にすると（結局語尾は前と同じですが）——

	幹語尾のないもの		幹語尾のあるもの	
I	das Haus ダス ハオス	家が	das Fenster ダス フェンスター	窓が
II	des Hauses デス ハオゼス	家の	des Fensters デス フェンスタース	窓の
III	dem Haus デム ハオス	家に	dem Fenster デム フェンスター	窓に
IV	das Haus ダス ハオス	家を	das Fenster ダス フェンスター	窓を

備　考　Haus の2格で Hauss が絶対にいけないことはおわかりになるでしょう。それから，発音の件で，s を濁音で発音する場合がこれではっきりわかりましょう。Haus の s は［ス］と発音しますが，あとに -es の語尾を取ると［ゼス］と濁音になります。

女性名詞の格

女性名詞は，格の表現を語尾でしないで，前に付く冠詞などでやります。男性，中性を定冠詞でやってきましたから，女性も，定冠詞をつけた場合を覚えましょう。

die Stadt　町が
ディー シュタット

der Stadt　町の
デア シュタット

der Stadt　町に
デア シュタット

die Stadt　町を
ディー シュタット

備　考　1格・4格が同じ形，2格・3格が同じ形で，しかも男性の1格のように der です。こういう事は，よっぽどはっきり覚えないと，混乱におちいるおそれがあります。むしろどこもみんなちがっている方がかえって覚えやすいのかも知れませんね。

2格の付けかた

たとえば，「父の兄弟」と言おうとすると，「父の」は，今まで述べたところによって des Vaters で，「兄弟」は——こういう時は基本格たる1格を用いて——der Bruder です。さてこの2つを結び合わせるには，普通は2格の方を後に持って来ます。

der Bruder des Vaters
デア ブルーダー デス ファータース
父の兄弟

英語の *of* に相当する前置詞 von を用いて表現することもあります。von は，前課の読本部に出て来たところでは，英語の *from* に相当するというわけでしたが，こんどのは，それとは違う用法で，英語の *of* と同じ意味，すなわち「2格の言いかえ」なのです。

der Bruder von dem Vater
デア ブルーダー フォン デム ファーター
父の兄弟

備　考　von dem Vater における dem に注意を要します。これは別に「父に」だからという意味での3格ではなく，von という前置詞を使えば必ずその次の名詞は3格になると文法上決まっているのです。前置詞にはみんなこうした「格支配」という現象があります。それはまた前置詞のところへ行ってやるとして，ただ今は von の次は必ず3格と覚えておいて下さい。──読本に von Amerika「アメリカから」などという句が出てきましたが，Amerika は固有名詞だから冠詞が付いていないとはいうものの，格はやはり3格なんです。

また，ある場合には，des Vaters を Bruder の前に持ってきて，des Vaters Bruder ということもあります。この際，Bruder の方の冠詞がなくなってしまうところに御注目下さい。従って，この形は，前後の関係からして Bruder そのものの格がはっきりとわかるような場合にだけしか使ってはなりません。

講師　どうです，性と格の話はおわかりになりましたか？

読者　ええ，非常に親切な御講義で，大変結構だと思います。今のところは非常によくわかっています。この調子で，あせらずにジリジリと進めていって下さい。

講師　私もそのつもりでやっています。ただ，いかがでしょう，出てくる単語の数があまり少な過ぎはしませんか？　もし食い足りないようでしたら文例や語例はいくらでも羅列(られつ)しますが。

読者　いや，羅列はたくさんです。あんまり借金がたまらないようにして，まあ，できるだけスラスラと前へ進んで行ける方が結構だと思います。覚えることも覚え切らないうちに，前へばかり進んできているという気持はあんまりよいものでもありませんからね。——たいていの講義録は，羅列して教えることが多すぎるために，講義を聴いているというよりはむしろ教科書を読んでいるといったような形になってしまって，それでたいていのものは途中でへこたれるのです。

講師　あなたもへこたれたことがおありですか？

読者　あります。へこたれることに関しては大いに自信があります。私を下巻まで引きずっていくことがおできになったら先生の腕前は大したものですよ。

講師　そうすると僕の方へすっかり責任がくるのですか？　こいつは弱ったなあ！

読者　まあひとつよろしくお願い致します。

第3回 定期試験

[1] der Mann [デア マン]「男」を各格に変化せよ。

[2] das Buch [ダス ブーフ]「本」を各格に変化せよ。

[3] die Erde [ディー エーアデ]「地球」を各格に変化せよ。

[4] der Bruder [デア ブルーダー]「兄弟」を各格に変化せよ。

[5] das Fenster [ダス フェンスター]「窓」を各格に変化せよ。

[6]「兄弟の本」を2通りのドイツ語でいえ。

[7] Wohnung [ヴォーヌング]「住居，住宅」という語は女性である。なぜ女性か？

[8] Mädchen [メートヒェン] は，「少女」であるにもかかわらず中性で das Mädchen であるが，それはなぜか？

[9] 前置詞の格支配とは何の事か？

[10] Kind [キント] *n*「子供」—と単語が挙げてあれば，この語は何性か？

[11]「伯父を」は何というか？

[12]「言葉の」は何というか？

[13]「机に」は何というか？

[14]「花を」は何というか？

[15]「住居の」は何というか？

[16]「言葉に」は何というか？

[17]「木の」は何というか？

[18]「伯父が」は何というか？

LEKTION 2

新単語

vor フォーア	(3格支配)・・・の前で(に)	liegen リーゲン	横たわる
nach ナーハ	(3格支配)・・・の方へ	suchen ズーヘン	探す
in イン	(3格支配)・・・の中で(に)	lieben リーベン	愛する
aus アオス	(3格支配)・・・の中から	finden フィンデン	発見する
auf アオフ	(3格支配)・・・の上で(に)	schon ショーン	すでに
unter ウンター	(3格支配)・・・の下で(に)		

1. Der Vater des Mädchens kommt von der Stadt.
デア ファーター デス メートヒェンス コムト フォン デア シュタット

2. Der Baum steht vor dem Haus.
バオム シュテート フォーア ハオス

3. Wohnt der Onkel der Mutter in Berlin?
ヴォーント オンケル ムッター イン ベルリーン

4. Er und das Mädchen gehen nach München.
エーア メートヒェン ゲーエン ナーハ ミュンヒェン

5. Steht der Baum noch vor dem Fenster?
シュテート バオム ノホ フォーア フェンスター

6. Das Buch der Mutter liegt auf dem Tisch.
ブーフ ムッター リークト アオフ ティッシュ

7. Die Blume des Mädchens liegt noch auf der Tasche.
ブルーメ リークト ノホ アオフ タッシェ

訳 1. 少女の父が町から来る。
2. 木は家の前に立っている(家の前にある,の意)。
3. 母の伯父はベルリンに住んでいるか?
4. 彼と少女とはミュンヒェンへ行く。
5. 木はまだ窓の前に立っているか?
6. 母の本は机の上に置いてある(横たわっている)。
7. 少女の花はまだバッグの上におい

8. Die Wohnung des Lehrers liegt in der Stadt.
ヴォーヌング　レーラース　リークト　シュタット

9. Der Wagen des Lehrers steht nicht vor dem Haus.
ヴァーゲン　レーラース　ニヒト

10. Die Mutter liebt den Vater und der Vater liebt die Mutter.
ムッター　リーブト　ファーター

11. Das Kind sucht die Wohnung des Onkels.
キント　ズーフト　オンケルス

12. Die Mutter sucht das Buch des Kindes.
ズーフト　ブーフ　キンデス

13. Die Mutter findet das Buch des Kindes auf dem Tisch.
フィンデット　アオフ　ティッシュ

14. Der Wagen der Mutter steht unter dem Baum.
ヴァーゲン　ウンター　バオム

15. Die Tasche des Mädchens liegt unter dem Tisch.
ウンター

16. Lieben Sie noch das Mädchen aus der Stadt?
リーベン　ズィー　ノホ

17. Der Vater des Kindes dankt dem Lehrer.
キンデス　ダンクト

18. Er kommt und sucht den Wagen des Vaters.
コムト　ズーフト　ヴァーゲン

19. Die Mutter lernt von dem Onkel und lehrt das Kind.
レルント　オンケル　レーアト　キント

てある。

8. 先生の住居は市内に立っている(ある，の意)。

9. 先生の車は家の前に置いてない。

10. 母は父を愛し，父は母を愛する。

11. 子供が伯父の住居を探す。

12. 母が子供の本を探す。

13. 母が子供の本を机の上に見つける。

14. 母の車は木の下に(駐車して)ある。

15. 少女のバッグは机の下においてある。

16. あなたはまだ町の娘を恋していますか？

17. 子供の父は先生に感謝する。

18. 彼がやってきて，父の車を探す。

19. 母は伯父から習って子供を教える。

第 3 講
男性弱変化名詞

単数における名詞の格変化は，一般的規則としては前講で述べた通りでよいのですが，その際ちょっとふれておいたように，男性名詞には「男性弱変化名詞」という例外の語があります。

例:	der	Mensch メンシュ	人間
I	der	Mensch メンシュ	人間が
II	des	Menschen メンシェン	人間の
III	dem	Menschen メンシェン	人間に
IV	den	Menschen メンシェン	人間を

冠詞はもちろん一般的法則の通りですが，2格以下の格語尾が大変ちがっています。けれども，これは非常に覚えやすい，要するに2格以下は全部 -en という語尾を付ければよいのです。

ただし，1格の形においてすでに -e という語尾（すなわち幹語尾!）を持っている名詞にあっては，2格以下では -n のみをつけます。——要するに Menschen [メンシェン] と同じ口調の語尾にすればよいわけです。

例:	der	Junge ユンゲ	少年
I	der	Junge ユンゲ	少年が
II	des	Jungen ユンゲン	少年の
III	dem	Jungen ユンゲン	少年に

IV den Jungen ユンゲン 少年を

男性名詞を辞書でしらべる際の注意

こういう風に，男性名詞だけは，格変化様式が2種あるわけです。中性・女性ならば，すでにその性によって格変化の様式が定まっていますが，男性名詞だけはうっかり油断がならない。これは多分あたりまえの変化をするのだろうと思っていると，あにはからんや弱変化だったなんてことがよく起こって来ます。

だから，辞書には，男性名詞の場合には，必ず，それが強変化（前講でやった一般法則に従うもの）であるか，それとも本講であらためて述べる弱変化であるかが明示してあります。たとえば——

Mann	*m* -es	*pl* ¨er	男
Mensch	*m* -en	*pl* -en	人間

m とあるのはもちろん「男性」の意味です。その次に -es とあるのは，2格が des Mannes だということ，-en とあるのは，2格が des Menschen, すなわち弱変化だということです。

備　考　*pl* とあるのは「複数形」の意です。これはまた先へ行って述べます。それから，英語では「男」も「人間」も *man* だが，ドイツ語はこの2個の概念を単語によって厳密に区別するという点は特に重要です。

形の上で強弱を見分ける方法は？

1つの男性名詞が「強」であるか「弱」であるかを形の上で区別し得る特徴が多少あります。その中で，主なものを 2, 3 あげておきます。

-e の幹語尾を持つ男性名詞は Käse「チーズ」1語を例外として全部弱変化

Junge「少年」のごとく，-e で終っている男性名詞は全部この弱変化に属します。ただし Käse [ケーゼ]「チーズ」1語のみは例外で，2格で des Käses となります。2, 3 例語を覚えておきましょう。

備　考　本当は -e または -en に終る男性 (Gedanke, Gedanken「考え」, Friede, Frieden「平和」) などがあるのですが，ここでは，必ず1格が -e でなければならぬものとの意です。少しややこしいがちょっと厳密に考えて注をしておきます。

der Junge ユンゲ	(弱)	少年
der Löwe レーヴェ	(弱)	ライオン
der Franzose フランツォーゼ	(弱)	フランス人
der Chinese ヒネーゼ	(弱)	中国人

その他，-e で終わる「国人名」「民族，人種の名」はたくさんあります。

外来語で -t に終わるものに弱変化が多い

これは，単に多いというだけで，絶対的にではありませんが，なるべく，何かの機会に単語を覚えてもらうという意味で 2, 3 例を挙げておきます。

der Student シュトゥデント	(弱)	学生
der Pianist ピアニスト	(弱)	ピアニスト
der Präsident プレズィデント	(弱)	大統領
der Diamant ディアマント	(弱)	ダイヤモンド

こういうことばは，すべて最後のつづりにアクセントがあるのに注意して下さい。英語では学生は *student* [ステューデント] と *stu* の方に力がはいるが，ドイツ語の方は -dent の方に力がはいります。

男性弱変化名詞の意味上の特徴

それから，弱変化名詞には，意味上の特徴もあります。以上にあげられた例語をざっと見返してごらんなさい。学生とか，大統領とか，ピアニストとか，少年とか，ライオンとか，とにかく動物（大統領を動物とは少しひどいが）……というよりはむしろ「生物」が多いでしょう？　ダイヤモンドなんてのはまあ例外ですが。――まあ大ざっぱに，この点を特徴として覚えていて下さい。

強とか弱とかいう術語の意味

der Mann, des Mannes, dem Mann, den Mann と 4 段活用するのを「強」といい，2 格以下ですべて -en がつくのを「弱」というのは，いったいどうしたところから起った術語でしょう？　これは別に大した深い意味はありません。ドイツの国学者 Grimm [グリム] が使い始めた言葉をそのままみんなが用いているに過ぎません。

けれども，一体ドイツ語の各品詞にわたって一貫している「語尾」というものが，この変な特徴づけによって手際よく 2 個のシステムに分けられ，この術語を用いて行くと，名詞，冠詞類，形容詞などの変化の 2 大系統がすこぶる鮮かに頭の中で整理されていくのです。だから，この一見例外にすぎない男性弱変化名詞なるものを，わざわざ 1 講設けてハッキリと整理したのは，少し先へ行って，形容詞の変化をやる時に，この「弱」なるものの特徴，すなわち -en, -en, -en という語尾を，すぐに思い出していただきたいからなのです。

不規則な名詞

男性弱変化名詞以外にも，名詞の変化には多少の不規則があります。けれども，それらは，読本その他で，断片的に覚える方がよろしいと思います。

第4講
完全強語尾属（dieser, jener など）

格の表現は名詞の前後で行う

「格の表現は名詞の前後で行う」――この結論がお解りですか？　今までに述べたところの，定冠詞づきの名詞の活用 der Mann, des Mannes 等々々の趣旨を一言にして断ずるとすれば，そういう風にいうことができるでしょう。

しかし「前」の表現の方がはるかに豊富

ところが名詞の後で行う格の表現，すなわち名詞そのものの格語尾は，要するに男性・中性の2格，それから男性弱変化ならば2格以下の en, en, en . . . だけなんで，女性にいたっては,名詞の後を見ると全然格がわからない。まあ，女というものは後姿を見ただけでは正体がわからないものです。男性弱変化だって，要するに1格だけがはっきりしていて，2格以下は -en, -en, -en と，エンエン長蛇のごとく軟化してしまっていて，2格・3格・4格の間には何の区別もない。男性・中性の -es だって，要するに両性共通なんで，語尾だけ見ては，男性か中性かは絶対に判別がつかない。

ところが，多少の非難はあるにしろ，名詞の「前」に来る格表現は，それらに比べるとはるかに豊富です。「出る」とか「出ん」とか「出す」とかいって，ちょっと聞くとまるで夫婦喧嘩でもしているようだけれども，これが非常にいいんで，とかく喧嘩でもする位の意気込みでないと物事をはっきりさせることはできない。人生も然り，文法も然りです。

それはマア冗談ですが，とにかく der, des, dem, den という奴は非常にハッキリ違っていて，格の表現が明瞭であることはおわかりでしょう。それに反して，名詞そのものの語尾は，どうも格の表現が貧弱です。

だから格の表現は主として前でやる事になっている

だから，格の表現は名詞そのものの語尾変化を余りあてにしないで，むしろ主として名詞の前に置かれるものによってやって行くことになっています。

備 考 西洋の古いことば，たとえばラテン語などはそうではなかった。たとえば，ドイツ語の Vater, 英語の *father* はラテン語で *pater* と言いますが，それを格変化すると——

pater	父 が
patris	父 の
patri	父 に
patrem	父 を
patre	父 で（父によって，父から，等）

その他になお *pater!*「父よ！」というのがあるが，これは1格と同形です。「で格」(Ablativ——本当は Instrumentalis といった方がよいもの) というものがあるのはちょっと面白いでしょう？——梵語（サンスクリット）になるともっと格が豊かです。

pitā	父 が
pitur	父 の
pitre	父 に
pitaram	父 を
pitrā	父 で（を以て）
pitri	父 で（において）
pitur	父 から
pitar!	父 よ！

だから，梵語やラテン語には，冠詞なんてものがありません。現在のことばでも，語尾のやかましいロシア語には冠詞がない。日本語も，語尾とはいえないかもしれないが，それでもマアつまり語尾みたいな「てにをは」がやかましいから冠詞がない。——「ない」じゃない，「いらない」のです。「いらない」から別に発明もされなかった。

ところがドイツ語になると，英語ほどではないが，とにかく語尾が非常に貧弱になってしまっています。そこで，その代償として，これから述べるような，「名詞の前に冠(かぶ)せる言葉」の語尾変化が，非常にやかましいのです。前につく形容詞も，ずっと先へ行ってやりますが，千態万様に変化する。本講では，形容詞は扱わないが，まず「冠詞，及び冠詞に類するもの」をやります。これをしっかりやっておくと，後で形容詞をやる際に話がよくわかります。

dieser「この」, jener「あの」などの変化
ディーザー　イェーナー

名詞の前に置くものは必ずしも定冠詞ばかりではありません。英語でも *the man* という場合の外に *this man*（独: dieser Mann）とか *that man*（独: jener Mann）とかいう場合がある。つまり「指示形容詞」というやつです。(この場合には本当の所を申しますと,あるいは「指示冠詞」といった方が合理的かも知れないのです。)

ただし形容詞と間違えてはいけません。形容詞なら，冠詞と名詞との中間にもはいり得るわけですが,——たとえば *this good man*（独: dieser gute Mann）などのように——指示冠詞は，それ自身が冠詞なんだから，決して冠詞と名詞の間へなんか割りこめない。そんなことをすれば，つまり冠詞が2つ付いたのと同じことになってしまう。*the this man*（独: der dieser Mann）なんてことは英語でもドイツ語でも断じて許されません。ソフトとシルクハットを2つかぶって歩くなんてことは，少なくとも現在の社会においては許されません。

要するに *this*, *that* は，形容詞ではなくて，冠詞の1種です。ドイツ語の dies-er も，dies- までが語幹で，これが英語の *this* に当ります。ずっと昔にさかのぼると，発音法も両方とも全く同じだったのです。

いうまでもないことでしょうが，dies-er の -er というのは,「男が」だからで，つまり男性1格にのみ通用する形にすぎません。「の」になればもちろん -es と変ってくるのです。しかし，辞書では，dies- だけ挙げたり，diese（女性1格）や dieses（中性1格）を挙げたりはせず，普通は代表として男性1格を挙げることになっています。

dies-er「この」＝格変化（単数）

	m	*f*	*n*
1格	dies-er ディーザー	dies-e ディーゼ	dies-es ディーゼス
2格	dies-es ディーゼス	dies-er ディーザー	dies-es ディーゼス
3格	dies-em ディーゼム	dies-er ディーザー	dies-em ディーゼム
4格	dies-en ディーゼン	dies-e ディーゼ	dies-es ディーゼス

jen-er「あの」＝格変化（単数）

	m	*f*	*n*
1格	jen-er イェーナー	jen-e イェーネ	jen-es イェーネス
2格	jen-es イェーネス	jen-er イェーナー	jen-es イェーネス
3格	jen-em イェーネム	jen-er イェーナー	jen-em イェーネム
4格	jen-en イェーネン	jen-e イェーネ	jen-es イェーネス

要するに，両方とも，同じ語尾をそえます。しかもその語尾が定冠詞のそれと大して違いません。ただ das の -as がこちらでは -es になって，2格と同じになっているのと，女性の die に相当する語尾が，-ie ではなくて -e となっているという，ただそれだけの相違です。

けれども，一般的法則からいうと，定冠詞の語尾はむしろ特殊なので，「名詞の前に来る冠詞類一般」という立場から見ると，ただ今挙げた dieser, jener の語尾の方を正式と考えていただきたいのです。

これを称して強語尾という

これを称して強語尾と申します。「強」という意味は，前講でもちょっと説明した通り，たとえば男性弱変化名詞のお尻に付いている en, en, en などの，いわゆる弱語尾に対して言うのです。e, en, en, en などから見れば er, es, em, en の方がずっと強く変化していて，格を表現する上においてはるかに強いのです。強いから強語尾というのです。

備　考　…というのは実はうそで，本当は，ドイツ語の stark「強く」という語には「非常に」，あるいは「はなはだしく」という用法があるからです。「この名詞は強く変化（または強変化）する」というのは，つまり「さかんに変化する」「とてもよく変わる」ということなんです。だから，ただいまの冠詞の語尾についても，「強語尾」なんて堅い術語を使わないで，本当は「変化のはげしい語尾」とか何とかいった方が忠実な訳語になるのかも知れません。

念のために強語尾一覧表を挙げておきますから，たとえば「男性単数」といったら，すぐに「エア（又はアー）・エス・エム・エン!!!」と，響の声に応ずるがごとく立ち所にいえるように口をならして下さい。

強語尾一覧表					
	m	*f*	*n*	*pl*（各性共通）	
I	-er	-e	-es	-e	……が
II	-es	-er	-es	-er	……の
III	-em	-er	-em	-en	……に
IV	-en	-e	-es	-e	……を

備　考　複数（略号 *pl*）の実際は，名詞の複数形をやり出してからのちに初めて問題にします。ただいままでは，特にことわらなくても，とにかく「単数」のみをやっているわけなのです。だから複数は，やっかいだったら，たいして気にかけないで，素通りにしていただきます。

「この」「あの」の「の」を 2 格だと思うべからず!

新しいことをやる時には，誰にでも，ごく馬鹿らしい認識不足というものがありがちですから，ドイツ語以外においてはもちろん，頭脳明析学術優等にわたらせられる皆様がたに向かって，ちょっと試みに質問を発してみます。問題は和文独訳です。「この少年はあの少女を愛している」を独訳すると，どうなるでしょう？

読者　和文独訳じゃなくて，猥(わい)文独訳ですな。

講師　いいからマア訳してごらんなさい。

読者　Dieses Junge liebt jenes Mädchen. ですか？

講師　dieses Junge がいけませんな。

読者　だって，「この少年」だから，「この」は 2 格です。「の」は 2 格と教わりましたからね。dieser の男性 2 格は dieses です。Junge が男性である限り私の独訳に間違いはありません。

講師　だって，Junge そのものは何格ですか？

読者　Junge そのものは，「少年が」少女を愛するのだから 1 格にきまっています。2 格なら Junges にならなくちゃなりません。

講師　失礼ですが Junge は男性弱変化名詞じゃありませんか？

読者　ああそうですか，じゃ 2 格は Jungen です。しかし 1 格は Junge でいいはずです。だから「この少年が」は断然 dieses Junge です。これが間違っていたら先生の講義が間違っていたんだ。

講師　そう興奮しちゃあいけません。それはあんまり独り決めすぎる，天上天下唯我独訳というのがこの事です。dieser Junge でなければいけません。dies- の語尾は，次に来る名詞の格によって格を定めるので，「この」という日本語の「の」で格を決めてしまうのじゃありません。「この」が 2 格だったら，dieser も dieses も diesem も diesen

も，全部「2格」だということになってきます。1格も2格も3格も4格も，みんな2格だというのはいったいどういう所から出てくる理屈ですか？

読者　ははあ・・・いや，これは多少考え違いをしていたかも知れません。

講師　多少じゃない，大いに考え違いをされていたようですな。

読者　（あごをなでながら）そうですかな・・・じゃあマア，ようがす。

名詞を付けて活用して見ると

以上の様なわけですから，dieser, dieses, diesem, diesen だけですませておくことは非常に危険です。やっぱりちょっと実際の応用をやっておきましょう。

男性（強）　dies-er Baum「この木」

I	dieser	Baum	この木が
II	dieses	Baumes	この木の
III	diesem	Baum	この木に
IV	diesen	Baum	この木を

女性　dies-e Stadt「この都市」

I	diese	Stadt	この都市が
II	dieser	Stadt	この都市の
III	dieser	Stadt	この都市に
IV	diese	Stadt	この都市を

中性　dies-es Wort「この言葉」

I	dieses	Wort	この言葉が
II	dieses	Wortes	この言葉の
III	diesem	Wort	この言葉に
IV	dieses	Wort	この言葉を

男性（弱）　dies-er Student（シュトゥデント）「この学生」弱変化！

I	dieser	Student	この学生が
II	dieses	Studenten	この学生の
III	diesem	Studenten	この学生に

IV　diesen　Studenten　　この学生を

dieser と同じに変化するものは？

口調をならすために，今までは dieser のみを例にとってやって来ましたが，本当は，これらのいわゆる「強語尾」が，次のような指示詞のいずれにでも自由自在に付くことができるように練習しなければならないのです。

1.	d-er	定冠詞（多少不規則）
2.	dies-er	この　（英：*this*）
3.	jen-er	あの　（英：*that*）
4.	welch-er ［ヴェルヒャー］	どの？（英：*which*）
5.	jed-er ［イェーダー］	各々の（英：*every*）

以上のうち，der という定冠詞だけは，語幹が子音の d- だけなので個々の点にかなり不規則が多いことはおわかりになると思います。

これらを称して完全強語尾属という

これらのものを称して，完全強語尾属といいます。なぜかというに，首班に位する定冠詞君だけはおのずから多少の不規則をあえてしてはいますが，まあ大体において統制が行き届いていて，er, es, em, en その他の強語尾が各格とも完全に付いているからです。次の講でやる「不定冠詞」はそうは行かない。ここの所のシステムが非常に重要ですから，後になってから混乱が生じないように，以上の５個を，「完全強語尾属」という名称の下に，はっきりと一括して覚えておいて下さい。名称は，いわば整理番号とかカード箱とかいったようなもので，多少杓子定規な方が結局，後になってありがたさがわかるとしたものですから，そういう意味で多少やっかいな名称をいろいろと覚えていただくわけなのです。

第 4 回 定期試験

[1] der Mensch を各格に変化せよ。

[2] der Student [シュトゥデント] を各格に変化せよ。

[3] der Diamant はどこにアクセントがあるか？ アクセントに関する重要な規則を思い出せ。

[4] der Hase [ハーゼ]「うさぎ」 der Rabe [ラーベ]「からす」 der Bote [ボーテ]「使者」は，強変化の男性か，弱変化の男性か？

[5] 次の句を独訳せよ。

(1) あの少年に

(2) この母の

(3) あの父を

(4) この人間を

(5) どの町を？

(6) 各々の男の

(7) あの木を

(8) 各々の本を

(9) あの窓が

(10) どの少女が？

(11) どの母に？

[6]「この子供 (Kind) の父はまだ来ない」を独訳せよ。(2 通りの答あり。)

[7]「この少年の母はあの町に (in と 3 格) 住む」を独訳せよ。(2 通りの答あり。)

[8]「この少女は各々の人間を愛する」(だれでも好き，の意) を独訳せよ。

LEKTION 3

新単語

不定形 **sein** [英: *be*]・・・である。・・・いる。

ich bin [ビン]	*I am*	wir sind [ズィント]	*we are*
du bist [ビスト]	*you are*	ihr seid [ザイト]	*you are*
er ist [イスト]	*he is*	sie sind [ズィント]	*they are*

Sie sind [ズィント] *you are*

<・>

Freund *m* フロイント	友達	oder オーダー	もしくは
Dame *f* ダーメ	婦人	also アルゾー	すなわち
Wahrheit *f* ヴァールハイト	真理	nur ヌーア	英: *only*
Geschichte *f* ゲシヒテ	歴史，話	sondern ゾンダーン	英: *but*
Tat *f* タート	行為	heiraten ハイラーテン	結婚する
Zimmer *n* ツィッマー	部屋	kennen ケッネン	知っている

1. Sie dankt dem Onkel dieses Jungen.
ダンクト　オンケル　ディーゼス　ユンゲン

2. Ihr kommt und sucht die Tasche jener Dame.
イーア　コムト　ウント　ズーフト　タッシェ　イェーナー　ダーメ

3. Diese Dame ist die Mutter[1] jenes Kindes.
ディーゼ　ダーメ　イスト　ディー　ムッター　イェーネス　キンデス

訳　1. 彼女はこの少年の伯父に感謝する。
2. 君達は，やって来て，あの婦人のバッグを探す。
3. この婦人はあの子供の母親である。

4. Sind Sie die Mutter dieses Jungen?
ズィント ズィー ムッター ディーゼス ユンゲン

5. Welcher Mensch glaubt dem Wort dieses Jungen?
ヴェルヒャー メンシュ グラオプト ヴォルト ディーゼス ユンゲン

6. Der Vater trinkt Bier im[2] Zimmer des Onkels.
トリンクト イム ツィンマー オンケルス

7. Der Onkel ist der Bruder des Vaters oder der Mutter.
イスト ブルーダー オーダー

8. In welcher Stadt wohnen sie, in Berlin oder in Hamburg?
ヴェルヒャー シュタット ベルリーン オーダー ハンブルク

9. Sie heiratet in Deutschland den Freund des Bruders.
ハイラーテット フロイント

10. Jeder Student liebt dieses Mädchen.
イェーダー シュトゥデント ディーゼス メートヒェン

11. Das Mädchen sucht den Wagen des Studenten.
メートヒェン ズーフト ヴァーゲン シュトゥデンテン

12. Ich glaube, du bist das Kind dieses Mannes.
グラオベ ビスト

13. Der Mensch lebt unter dem Himmel und sucht die Wahrheit[3].
レーブト ウンター ヒンメル ヴァールハイト

14. Ich denke, also bin ich, sagt Descartes[4].
デンケ アルゾー ビン ザークト デカルト

---

4. あなたはこの少年のお母さんでいらっしゃいますか？
5. どの人間が（誰が）この少年の言に（言を，の意）信ずるものか。
6. 父は伯父の部屋でビールを飲んでいる。
7. 伯父は，父または母の兄弟である。
8. かれらはどの町に住んでいるのか，ベルリンにか，それともハンブルクにか？
9. 彼女はドイツで，兄弟の友人と結婚する。(heiraten は必ず４格を支配する。)
10. どの学生もこの少女を愛している。
11. 少女は学生の車を探している。
12. 私は，君はこの男の子供だと思う。
13. 人間は天の下に生きて真理を求める。
14. 我思う，故に我あり，とデカルトは言っている。

15. Kolumbus sucht und findet Amerika; wir kennen diese Geschichte.
コルンブス ケンネン ゲシヒテ

16. Welcher Junge kennt nicht die Geschichte von Kolumbus?
ヴェルヒャー ユンゲ ケント ゲシヒテ コルンブス

17. Der Freund dieses Studenten heiratet jene Dame.
シュトゥデンテン ハイラーテット イェーネ ダーメ

18. Sind Sie der Freund jenes Studenten?
ズィント イェーネス シュトゥデンテン

19. Sind der Vater und die Mutter dieses Mädchens noch nicht in der Stadt?

20. Wir sind die Geschichte, sagt der Präsident von Amerika.
ザークト プレズィデント フォン アメーリカー

21. Findet der Mensch die Wahrheit? Nein! Er findet nur das Wort, nicht die Wahrheit.
フィンデット ヴァールハイト ナイン ヌーア ヴォルト

22. Dieser Junge lernt die Geschichte von Japan.[5]
レルント ゲシヒテ ヤーパン

23. Ihr seid nicht vor dem Haus, sondern schon im Zimmer.
イーア ザイト フォーア ハオス ゾンダーン ショーン イム ツィンマー

---

15. コロンブスはアメリカを探して発見する，我々はこの話を知っている。
16. どの少年がコロンブスの話を知らないか？（誰かコロンブスの話を知らない者があろうか？）
17. この学生の友人があの婦人と結婚する。
18. あなたはあの学生の友達ですか？
19. この少女の父と母はまだ町に[来ては]いないか？
20. 我々が歴史である，とアメリカの大統領がいう。（アメリカが世界史の中心だ，の意）
21. 人間は，真理を発見する[だろう]か？　否！　彼はただ言葉を見出すのみである，真理をではない。
22. この少年は日本の歴史を学んでいる。
23. 君達は家の前にいるのではない，すでに部屋の中にいるのだ。

24. Die Wahrheit liegt[6] nicht im Buch, sondern[7] in der
リークト イム ブーフ ゾンダーン

Geschichte, in der Tat.
ゲシヒテ タート

24. 真理は書物の中にあるのではなくて，歴史のうちに，行為のうちにあるのだ。

注と文章論

[1] 「A は B なり」という文章があると，A を文の**主語**と呼び，B を「主語 A の述語」と呼びます。——主語が 1 格であるのは当然ですが，述語，すなわち「B である」という際の「で」もまた 1 格であることをこの際はっきりと覚えこんで下さい。文中 die Mutter が 1 格になっているのはそのためです。

主語と述語

[2] **im**＝in dem——in は「・・・の中で」「・・・の中に」という際には必ず 3 格支配ですから，in dem とか in der とかいう場合が非常に多い。そのうち in dem が省略されて im という形ができました。これは in ばかりではなく，表にかかげたように，すでに御存知の前置詞にも各々その例があります。

前置詞と冠詞との融合形
im＜in dem
vom＜von dem
vorm＜vor dem
unterm＜unter dem

[3] **die Wahrheit**「真理」——wahr [**ヴァール**] が「真なる」という形容詞で，それに -heit という女性語尾が付いて抽象名詞ができたのです。-heit の語尾が抽象名詞であって，すべて女性であることに注意して下さい。-heit の代りに -keit を用いることもあります。

-heit, -keit の語尾は，抽象名詞にして，全部女性

形容詞または名詞		抽象名詞	
Kind *n* キント	子供	Kindheit *f* キントハイト	幼年時代
krank クランク	病気の	Krankheit *f* クランクハイト	病気
gesund ゲズント	健康な	Gesundheit *f* ゲズントハイト	健康
heiter ハイター	ほがらかな	Heiterkeit *f* ハイターカイト	ほがらかさ
traurig トラオリヒ	悲しい	Traurigkeit *f* トラオリヒカイト	悲哀

[4] これは，ラテン語の *cogito, ergo sum.*「我思う，故に我あり」でよく通っています。*cogito* が ich denke, *ergo* が also「故に」，*sum* が ich bin です。bin ich という順になっているのは，also が前に来ると主語と定形とが反対の順になるものと当分は記憶しておいて下さい。ちなみにこの文句は自己というものを哲学的思索の出立点にする，という意味でよく引用されます。

[5] これを，「この少年は日本の歴史を習っている」と訳しました。英語ならばこうい

ドイツ語には，特に進行形という形はない

う時に *is learning* という「進行形」なるものを使うところですが，ドイツ語は進行形の意味には普通の「現在形」，すなわちすでに御存知の「定形」を用います。

[6] この **liegt** は，日本語でなら「ある」「在る」です。ist を使ってもよさそうだが，「籠(こも)っている」とか「存在する」とかいう際には，好んで liegen「横たわる」を用いて sein に代えます。

[7] **sondern** は，必ず否定文の後に用いられます。たとえば，「A は B でなくて C

sondern の用法

だ」，といったような際の，「なくて」の「て」に用いられるのです。英語ならば *but* というところです。Das Buch liegt nicht „auf“ dem Tisch, sondern „unter“ dem Tisch.「本は，机の「上」にではなく，「下」にある」といったような文なら，「上」と「下」とをはっきりさせ，同時に「上」を否定して「下」に訂正するために，「上」の方には nicht を，「下」の方には sondern をかぶせるのです。sondern を「訂正のための接続詞」と呼んでもよいでしょう。余計なことだが，私の出ている学校で，学生どもが私に Sondern 先生というあだ名をつけてしまいました。それは私の名の「存男」(この読み方のわかる人は千人に一人もありません，「ツギオ」すなわち「次男」と同じ読みです) というのを音読みして「ゾンダン」すなわち sondern と洒落(しゃれ)たわけです。

第５講
不完全強語尾属（ein, mein など）

この課で扱うのは，やはり前講でやった dieser や jener と同様に，名詞の格を明示する役目を持った「冠詞類」ですが，その格語尾が今までにやったのとは３ヵ所ばかりちがっていますから，混同を防ぐために，こういう風に１講を設けて別口扱いをする必要があるのです。

たとえば,「或る」とか「ひとつの」とかいう意味を持った不定冠詞の ein です。（これは英語の *a* または *an* です。「ひとつの」という意味では,時には *one* に相当することがあります。）すでに ein という形を挙げただけでも，頭のよい方は，ちょっと疑問をお起しになるでしょう。「はてな？ こんどのはちょっと勝手が違うぞ。こういうものを挙げる時には，すべて男性の１格を代表として挙げるのではなかったかしら？　前講の dies-er, jen-er にしても，すべて男性１格語尾をつけた形が代表として挙げられる。ところが今度のは,英語の *an*, *one* のままのような ein だ。どうして ein-er といわないのだろう?」

そうです，その点が前講の dieser, jener との相違を露骨に示しています。すでに男性１格の形がちがっているのです。

けれども，男性の１格と，その他中性の１格・４格が相違しているので――というよりはむしろその３個所で「強語尾が欠けている」だけで,――その他は dieser, jener と全く同じです。

不定冠詞の変化

試みにまず不定冠詞の変化を見てみましょう。新たに暗記すべき事柄は少しもなく，ただ ☜ で示した３個所に，前講以来のおなじみの強語尾が欠けている点に注目すればよいわけです。

	m	*f*	*n*
I	ein アイン	ein-e アイネ	ein アイン
II	ein-es アイネス	ein-er アイナー	ein-es アイネス
III	ein-em アイネム	ein-er アイナー	ein-em アイネム
IV	ein-en アイネン	ein-e アイネ	ein アイン

たとえば,「1人の男が」は ein Mann であって, einer Mann ではありません。「1人の娘」は ein Mädchen であって eines Mädchen ではありません。

つまり,昔ゆかしい窮屈な語尾をひきずっているドイツ語も,上記の3個所ではついに語尾をかなぐり捨てて英語と同一線上に零落(れいらく)してしまったわけです。ドイツ語のために多少遺憾の意を禁じ得ないものがありますな。

der, dieser などのグループと,この不定冠詞の一族との間にこうした「開き」ができているという現象は,初学者にとってはよほど記憶しにくいものと見えて,ドイツ語を始めてからすでに1年にもなる大学生たちが,「わたしのお父さん」をドイツ語でいって見ろというと,「ええとお父さんは Vater だっけな,お父さんなら男性1格だ,男性1格ならお安い御用, meiner Vater です!」といって,いっただけならまだしも,その上おまけにすましこんでいる。こりゃあ実にいかんです。

年々歳々花相似たり,歳々年々人同じからず,というやつで,私達ドイツ語の教師は年々歳々この meiner Vater には手をやいてしまいます。

中性の1格・4格も同様,「私は1冊の本を持っている」は, Ich habe ein Buch. で, Buch が中性だからといって eines Buch などといってはいけません。(habe は英語の *have* です。)

備 考 ein なる形について,ちょっと言語史的注釈をしておきます。これは,形としてはつまり英語の *one* にあたるので,英独間には,音の上の平行が見受けられます。

英語	独語	
one	ein	ひとつの
stone	Stein *m* シュタイン	石
alone	allein アライン	ひとりきりで
bone	Bein *n* バイン	脚

ドイツの大物理学者 Einstein [アインシュタイン] のことは発音の部でちょっと話しましたが，英語でいえば *one stone* です。Stein「石」は男性だから Einstein なので，Einerstein とはいわない。これを例にして覚えておいて下さい。

これを称して不完全強語尾属という

der, dieser, jener などを，前に「完全強語尾属」と名づけましたが，不定冠詞は実に太てえ冠詞で，3個所で，語尾をサボっているかどにより，多少不名誉な名称を以て，これを「不完全強語尾属」と呼ぶことにいたします。そんなやかましい名前を付けなくったって，不定冠詞なら不定冠詞で沢山じゃないかとおっしゃる方があるかも知れませんが，それはそうじゃありません。こういう格変化をするのが不定冠詞だけだったらあるいはそれでもよいかも知れませんが，不定冠詞以外にまだ大分この型にはまり，その上相当重要なものがあるのですから，どうしても何か特別な名目を設けて一括しておかないと，後になって味噌と糞とを一緒にするような結果になり勝ちだからです。

この様式に属するものは何々か？

この様式に属するものは，不定冠詞を始め，いずれも重要なものばかりです。少しやっかいかも知れないが，一応下の分類に一瞥(べつ)を投げて下さい。二瞥も投げる必要はありません，一瞥だけで結構です。どうせ分類なんてものが面白く頭にはいるわけのものではない。ただ，この講で何をやるのかという事をあらかじめ心得ておいていただくためです。

I	不定冠詞 ein	（英：*one*）
II	否定冠詞 kein	（英：*no*）
III	所有冠詞全部	（これがなかなか数が多い）
VI	was für ein, solch ein その他。	

否定冠詞 kein

たとえば，「私はお金がない」を英語でいうと，*I have no money.* となりましょう。この *no* は，*yes* とか *no* とかいう際の *no* ではなくて，まるで冠詞のように *money* に冠(かぶ)さっている否定詞です。つまり *some money* というのと同じ様な結合法で *no money* というのです。

この *no* が，ドイツ語では kein で，形としてはむしろ英語の *none* に相当するわけですが，用法は *no* の方に同じです。——すなわち，*I have no money* をドイツ語でいうと：

Ich habe kein Geld.
イヒ　ハーベ　カイン　ゲルト

[*I have no money.*] となります。

読者　ちょっとうかがいますが，Geld (*money*) は何性ですか？

講師　それは私の方からうかがいたいですな。この課で何をやっているかを意識するには，おあつらえ向きの質問です。Geld は何性ですか？

読者　それがわからないから先生にうかがったのです。

講師　いや，ちょっと御自分で考えてごらんにならなきゃ駄目です。この Ich habe kein Geld. という文をごらんになって，前後の関係から Geld の性を突き止めることはできないでしょうか？

読者　ein だけで何の語尾も付いていないのなら，mein Vater「私の父」と同じわけで，つまり男性でしょう。

講師　そういうことをおっしゃるから困る。格は何格です。

読者　お金「が」ない，だから，１格でしょう。

講師　ちょっと待って下さい，ドイツ語の方を見ずに，あなたは天井を見て考えていらっしゃる。Ich habe kein Geld. をよくごらんにならなければ駄目です。

読者　ああ，habe「持つ」か･･･じゃ４格です。何々「を」持つというから。

講師　４格で kein となるのは何性です。

読者　kein の変化はまだ表があがっていません。

講師　その代り ein があがっているでしょう。

読者　(ein の表を見て) わかりました！ Geld は中性です。das Geld [ダス　ゲルド] です。金はいったい出すものだから，それで「ダスゲルド」です。

講師　そうです。——ついでにちょっと発音のことを注意しておきますが，「ダス　ゲルド」の「ド」はどうもあんまり感心しませんな。「ゲルト」といっていただきたいですな。それとも，金は出すけれど，という洒落のつもりですか？

読者　まさか。

kein を理解するための文例

[1]　Er liebt keinen Menschen.
エア　リーブト　カイネン　メンシェン

彼は誰をも愛さない。

[2] Er ist keines Mannes Freund.
エア **イ**スト **カ**イネス **マ**ッネス **フロ**イント
彼はいかなる男の友でもない。

[3] Er dankt keinem Menschen.
エア **ダ**ンクト **カ**イネム **メ**ンシェン
彼は誰にも感謝しない。

[4] Auf dem Tisch liegt keine Tasche.
アオフ デム **テ**ィッシュ **リ**ークト **カ**イネ **タ**ッシェ
机の上にはバッグはひとつも置いてない。

いずれにしても，kein を使うというと，文章全体が打ち消しになるところに注意して下さい。Ich habe kein Geld. や *I have no money.* を，「私は *no money* を持っている」というふうに考えた日には，何のことだかわけがわからなくなってしまいましょう。

備　考　keine Wahrheit（英: *no truth*）など，kein を用いたときに，これを「1つの真理も」ない，とか何とかいって，「1つも」という日本語で訳す癖(くせ)を方々で見受けますが，これは本当はよくないと思います。「1つも」「1つすらも」という時には，むしろ kein を用いないで，nicht と ein とを用いるのが普通です。たとえば Unter der Sonne ist nicht eine Wahrheit.「天日の下に1つの真理もなし」といったようにです。kein と nicht ein とを混同しないようにねがいます。ちょっとちがうでしょう？ kein の方は，普通のときは単に文章を否定にする役目だけしか持っていないので，特に力を入れて発音する場合にのみ nicht ein のような強い意味がこもるのです。

所有冠詞（あるいは所有形容詞）mein, dein, sein など

英語にも *possessive pronouns* というものがあります。*my friend* [mein Freund] の *my*, *his house* [sein Haus] の *his* などがそれです。これらもドイツ語では各々その性と格とに応じて語尾をとり，しかもその語尾が不定冠詞 ein と同様，不完全強語尾です。

まず所有冠詞にはどれだけの種類があるか，それが英語の何に当るかを研究しましょう。こんどは大分覚える事が多い。よく暗記して下さい。

念のために，所有冠詞をつけた際の名詞の活用を2, 3掲げておきましょう。(unser [*our*] と euer [君達の] との2つについては少し注意すべき点がありますから，これはまた別にして後で説明します。)

所有冠詞の種類					
	s　(単　数)			*pl*　(複　数)	
1 人称		mein マイン	[*my*]	unser ウンザー	[*our*]
2 人称	親称	dein ダイン	[*your*]	euer オイアー	[*your*]
	敬称	Ihr イーア	[*your*]	Ihr イーア	[*your*]
3 人称	*m*	sein ザイン	[*his*]		
	f	ihr イーア	[*her*]	ihr イーア	[*their*]
	n	sein ザイン	[*its*]		

備　考　sein という形と ihr という形とには特に気をつけて下さい。特に ihr には注意を要します。ihr Buch といえば，それだけでは *her book* だか *their book* だか分らないわけです。ことに文頭にあって大文字で Ihr Buch とあれば，*your book* とも区別がつかないということになってきます。この点はドイツ語の欠点です。

mein Freund

mein は ein と口調が似ているから，すでに ein をよく覚えていれば何でもありません。自信のある方は，この辺はとばしてお読みになってもよろしい。――mein が dein（お前の）Ihr（あなたの）sein（彼の）ihr（彼女の，または，彼らの）に変っても勝手は同じことです。

（男性）　**mein Freund**

mein	Freund	私の友達が
meines	Freundes	私の友達の
meinem	Freund	私の友達に
meinen	Freund	私の友達を

（女性）　**meine Stadt**

meine	Stadt	私の町が
meiner	Stadt	私の町の

meiner　Stadt　　私の町に
meine　Stadt　　私の町を

（中性）　**mein Kind**

mein　Kind　　私の子供が
meines　Kindes　　私の子供の
meinem　Kind　　私の子供に
mein　Kind　　私の子供を

講師　ちょっと質問してみます。*his friend*「かれの友達が」をドイツ語で言いますと？

読者　・・・ええと，*his* は・・・そうか，sein [ザイン]，ですな，じゃあ seines Freund です。

講師　また始めましたね。

読者　どうして。

講師　格は何格です。

読者　「かれの」だから2格でしょう？

講師　そんなもので決められちゃあたまらない，とにかくこういう冠詞類の語尾というものは，度々いう通り，「その次に来る名詞の格」を表現するために付けるものなんですから……。

読者　わかりました！ すみません！ seiner Freund . . . じゃなかった sein Freund です！ どうもすみませんでした。

講師　どう致しまして。

読者　へへへへへ。

講師　へへへへへ。

所有冠詞を覚えるための文例

[1]　Die Mutter liebt ihr Kind.
（母は自分の子を愛する）

[2]　Das Kind liebt seinen Vater.
（子は自分の父を愛する）

[3]　Er liebt die Schwester seines Freundes.
（彼は自分の友人の妹を愛する）

[**4**] Der Junge dankt seinem Lehrer.
(少年は自分の先生に感謝する)

[**5**] Die Dame dankt ihrem Freund.
(婦人は自分の友人に感謝する)

[**6**] Der Lehrer ist in seiner Wohnung.
(先生は自分の住居にいる)

[**7**] Du suchst deinen Onkel.
(君は君の伯父を探している)

[**8**] Sie wohnen in ihrer Wohnung.
(彼らは自分たちの住宅に住んでいる)

[**9**] Ist sie die Mutter Ihres Freundes?
(彼女はあなたの友人の母でしょうか？)

[**10**] Ihr Buch liegt unter dem Tisch.
(あなたの本――あるいは彼女の本，あるいは彼らの本――は机の下に横たわっています，すなわち落ちています)

[**11**] Der Vater und die Mutter lieben ihr Kind.
(父母は自分たちの子を愛する)

unser(ウンザー) [*our*] と **euer**(オイアー) [*your*] とに関する注意

この2つは，格語尾をつける時に，e を省くことがあります。また例の「口調上の e」の問題です。

mein, dein, sein, ihr, Ihr は，すべて単綴で，うしろの方にアクセントなしの語尾をひいていませんが，unser と euer とは，-er という語尾をひいています。すると，これは dieser や jener の後の -er のような，男性1格を意味する -er かというと，そうではありません。そうでない証拠に，これらを男性2格・3格に変化してみると，決して eu-es, eu-em とか uns-es, uns-em とはならない。eu- を幹(みき)にしているのではなく，euer そのものをそのまま基幹にして，その上，さらに格語尾を付けていくのです。

ところが，eueres, euerem, eueren とか，unseres, unserem, unseren とかいう形は，少し冗漫(じょうまん)なので，例の習慣によって，e を抜き差しすることによって口調を調節することができます。

完全にやれば：

unser「我らの」

	m	*f*	*n*
I	unser	unsere	unser
II	unseres	unserer	unseres
III	unserem	unserer	unserem
IV	unseren	unsere	unser

euer「君達の」

	m	*f*	*n*
I	euer	euere	euer
II	eueres	euerer	eueres
III	euerem	euerer	euerem
IV	eueren	euere	euer

備　考　この完全な形の方は，unser の方に属するものは普通よく使われます。むしろ unseres, unserem などの完全形の方があたりまえです。ところが eueres, euerem の方はあまり用いられない。つまり euer の方は，次に挙げる省略形の方を普通用います。恐らくは，unser の方は e の前に s という子音があって口調がいいが，euer の方は 3 つも母音が重なっているためでしょう。

省略してやれば：

unser「我らの」

	m	*f*	*n*
I	unser	unsre	unser
II	unsres, unsers	unsrer	unsres, unsers
III	unsrem, unserm	unsrer	unsrem, unserm
IV	unsren, unsern	unsre	unser

euer「君達の」

	m	*f*	*n*
I	euer	eure	euer
II	eures, euers	eurer	eures, euers

III	eurem, euerm	eurer	eurem, euerm
IV	euren, euern	eure	euer

備　考　こんな細かいことはどうでもいいが,上表のどれをよく使うかとなると,大分問題がやかましくなるから，それはまた実際の文例で感じを養っていただくとしましょう。

was für ein...?
ヴァス フューア アイン

不定冠詞 ein をやったついでに，ein と結合して用いられる形の主なものを 2, 3 覚えましょう。was für ein...? というのは，英語ならば *what kind of a...?* というところです。たとえば:

[**1**] Was für ein Mann ist er?
(*What kind of a man is he?* 彼はどんな男か？)

[**2**] Was für eine Dame ist sie?
(*What kind of a lady is she?* 彼女はどんな婦人か？)

[**3**] Was für einen Tisch suchst du?
(君はどんな机を探しているのか？)

[**4**] In was für einer Stadt wohnen Sie?
(あなたはどんな町に住んでいますか？)

[**5**] Auf was für einem Baum sitzt der Junge?
(少年はどんな木の上に坐っていますか，——登っていますか？)

[**6**] Ach, was für ein Mensch!
(やれやれ，マアなんていう人間だろう！——「何てすごい人だろう」と良い意味で言うこともあります。)

第６番の文例でもわかるとおり，必ずしも質問の文ばかりではなく，いわゆる感嘆文にも用います。

それから，was für ein の ein は，不定冠詞をつけない場合，たとえば Tinte [ティンテ] *f*「インキ」とか Tee [テー] *m*「お茶」とか Tabak [ターバック] *m*「パイプ煙草」とかいったような，いわゆる物質名詞に属する語が次に来る場合には，もちろん省きます。英語でもそうです。これはちょっとむずかしい問題ですが，この機会に片耳にはさんでおいて下さい。

[1] Was für Tabak rauchen Sie?
(あなたはどんなパイプ煙草を召し上りますか？)

[2] Was für Tee trinken Sie?
(あなたはどんなお茶を召し上りますか？)

[3] Was für Tinte ist auf dem Tisch?
(どんなインキがデスクの上にあるか？)

[4] Was für Bier kennst du?
(君はどんなビールなら知っているのだ？)

備 考　余力のある方には，もう1つ心得ておいていただきたいことがあります。それは，たとえば，「それはどんな車ですか？」という時などに，以上の構造でいけば was für ein Wagen ist das? ですが，was と für との間へ ist das を入れて Was ist das für ein Wagen? ということがあります。was と für との間が離れることがしばしばあるのです。

welch ein . . . !
ヴェルヒ　アイン

dieser, jener のところでやった welcher という疑問詞がありました。これは，単に，「どの」ということで，たとえばそこに 2, 3 の草花がある，そのうちの「どの花が？」という時には Welche Blume? あるいは Blume を略して Welche?「どれ？」と問います。ところが，「なんという・・・だろう！」という感嘆の場合には，よく welch ein という形を用います。(英語の *what a . . . !*)

Welch eine Handlung!
何という行いだろう！

大抵まあ感心したり憤慨したりしていうのです。もちろん疑問文に用いることもあるにはあります。

solch ein
ゾルヒ　アイン

次に，英語の *such a* (そんな) は，それによく似た solch ein を用います。ein はもちろん変化します。

Solch ein Wort steht in keinem Buch.
ゾルヒ　アイン　ヴォルト　シュテート　イン　カイネム　ブーフ
そんな言葉はどの本にも出ていない。

備　考　solch- は，dieser，jener と同じように solcher という形で完全強語尾でも用います。たとえば solches Wort のように。また，形容詞的に，ein solches Wort ともします。しかしこれは，まだ形容詞をやらないので，ちょっとふれるだけにしておきます。

講師　どうです，この時間は大分覚えることが多かったでしょう？

読者　こんどは相当ありました。しかし，新しく出てくる単語の数からいうと，少し食い足りない様な気がしますね。いつまでも同じ単語ばかり使っていないで，もっとどんどん単語を変えて下すってはいかがです。Junge や Mädchen や Buch はもう充分覚えてしまいましたからね。

講師　それは一応はごもっともですが，しかし，まあ，これ位でやって行くからこそ文法の方がしっかりと頭にはいって行くのではありませんか？　講座の精神とは,「わかる!」というのでは駄目です。わかる講座なんてのはすでに古いですな。

読者　すると，わからない講座が新しいんですか？

講師　そうじゃない。「わかる」講座はもう古いんで,「わかり過ぎる」講座でなくっちゃあ駄目だと思うんですな。

読者　なるほどね。

講師　その意味において私は「まる暗記」をしなくちゃならない方面の事柄は，その量を最少限度に限定しています。単語がまずそういう事柄に属します。どんどんと課が進んで行くにつれて，やっかいになって，結局途中で投げ出すという結果になるのは，要するに覚えきれないからです。多量の単語をぼやぼやっと記憶するよりは，少量の基礎単語が何度も何度も出てきて，読んで行くうちに自然と覚えるといったような方法の方が，こうした初級講座の理想じゃありませんか。

読者　そうですか。それはまあよくわかりました。──ところでひとつ質問をさせていただきます。この課で，英語の *his* に相当する sein というのが出て来ましたが, sein という形の単語がすでにどこかにありはしなかったでしょうか。どうもよく思い出せないんですが。

講師　ああそうか！　あなたはなかなか記憶がいい。そうです, sein [英: *be*]「ある」という動詞とその人称変化が，Lektion 3 の一番始めに表になって出ています。ich bin, du bist, er ist というやつの不定形です。

sein と sein

読者　その sein と，ただ今やった所有冠詞の sein とは全く同形ですね。

講師　なるほど，同形ですね。私はこれで数十年間ドイツ語をやっているが，この事実にはつい気がつきませんでした。

読者　では，実際においては決して混同する恐れはないのですね。

講師　ありませんとも。 sein Zimmer「彼の部屋」の sein を，動詞の不定形だと思うなんて事は，思おうたって第一思いようがないじゃありませんか。

読者　そうですか。それなら安心しました。――それから，もう1つお尋ねしますが，英語でたとえば *it is mine*「それは私のです」などというその *mine*［マイン］ですね。こいつがドイツ語の mein と同発音ですが，ドイツ語の mein もそういう風に使ってよろしいのですか？

> **Das ist meines.**
> それは僕のです。

講師　よろしいのですが，ドイツ語では指している名詞の性によって Das ist meiner（男性），meine（女性），meines（中性），と言います。

読者　女性の meine はわかりますが，mein は男性と中性の1格では語尾を取らないのではなかったでしょうか？

講師　この場合には取るのです。Das ist mein Buch.「これは私の本です」と言うのと違って，名詞を省略しているので，指しているものの性をはっきりさせるために強語尾を取るわけです。しかしこれは所有冠詞を覚えたばかりの方にはむずかしすぎることでしょう。

読者　そんな事もチョットくわしく説明して下さらなけりゃあ困りますね。

講師　いや，あなたはまだ初等という事を御存じない。そんな事をくわしく説明しては困るのです。

読者　そうですかなァ。

講師　説明しないからこそ，こうしてわかって行くのです。理屈をいうのは厳禁ですよ。

読者　なるほど。

講師　何をくわしく説明するか，何を断然無視するか，ここに初等講座の高等政策があるのです。妙な理屈を言っちゃあいけません。

読者　それは全くそうですな。

講師　要するにこの講座は，あせらず急がず，おっとりと規則正しくついて来て下さりさえすれば必ずききめが現われます。理屈を言わずにですな。

読者　なるほど。

講師　こないだも，印刷屋の小僧さんが，上巻の原稿を風呂敷に包んで僕の家から印刷所まで持って行ったら，ただ風呂敷を抱えていただけで，印刷所に着いた時にはもうドイツ語の新聞がペラペラと読めたそうです。理屈を言わなかったおかげですな。

読者　まさか！

第5回 定期試験

[1] 完全強語尾属 (der, dieser, jener など) に対して，不完全強語尾属 (ein, kein, mein, dein, sein など) の格語尾はどこどこが相違しているか？

[2] 所有冠詞「イーア」(大文字の場合と小文字の場合とを合わせて) には，どれだけの場合があるか，又，それぞれ英語の何に相当するか。

[3] 次の unser Vater「私たちの父」の格変化に誤りがあれば正せ：

I unser Vater
II unses Vateres
III unsem Vater
IV unsen Vater

[4] sein という語の持つ2つの全く異なった意味は何か。

[5]「それはどんな木ですか？」を独訳せよ。

[6]「あなたはまあ何という家にお住みになっているのでしょう！」を独訳せよ。

[7]「そんな少女はどんな男をも愛さない」を独訳せよ。

[8]「我々は住居を持っていない」を独訳せよ。

[9] 下の英語をドイツ語でいえ。

(1) *your diamond*
(3つの場合がある)
(2) *her room* (*chamber*)
(3) *his bag*
(4) *our window*
(5) *their mother*
(6) *my brother*
(7) *its face* (*face*=Gesicht *n*)

[10] 下の句を各格に変化せよ。

(1) ihr Onkel
(2) unsere Wahrheit
(3) euer Haus
(4) sein Geld
(5) dein Mann「君の夫」

LEKTION 4

新単語

Frau *f* 女（婦人，妻）
フラオ

Tante *f* 伯母
タンテ

Land *n* 国（国土）
ラント

gehören 属する
ゲヘーレン

erzählen 物語る
エアツェーレン

schenken 贈る
シェンケン

besuchen 訪問する
ベズーヘン

mit（3格支配）・・・をもって（英：*with*）
ミット

an（と3格）・・・のきわで
アン

zu（3格支配）・・・に向かって
ツー

sehr 英：*very*
ゼーア

oft たびたび
オフト

denn なぜならば
デン

auch 英：*also, too*
アオホ

rasch 速やかに
ラッシュ

---

1. Mein Wagen steht[1] vor dem Haus meines Freundes.
   マイン ヴァーゲン シュテート フォーア ハオス マイネス フロインデス

2. Kennen Sie die Mutter unseres Freundes?
   ケンネン ウンゼレス フロインデス

3. Kein Mensch besucht die Wohnung dieses Lehrers.
   カイン メンシュ ベズーフト ヴォーヌング ディーゼス レーラース

4. Er sagt kein Wort und geht rasch aus meinem Zimmer.
   エア ザークト カイン ヴォルト ラッシュ アオス マイネム

5. Das Kind findet eine Blume unter deinem Fenster.
   キント フィンデット ブルーメ ウンター ダイネム フェンスター

訳 1. 私の車は私の友人の家の前に（駐車して）ある。
2. あなたは我々の友人のお母さんを御存知ですか？
3. 誰もこの先生の住居を訪問しない。
4. 彼は一言もいわずに，私の部屋を速やかに出て行く。
5. 子供は1つの草花を君の窓の下で発見する。

6. Diese Tasche gehört einem Studenten.
ディーゼ タッシェ ゲヘーアト シュトゥデンテン

7. Unser Bruder heiratet die Dame noch nicht.
ウンザー ブルーダー ハイラーテット ダーメ ノホ ニヒト

8. Eure Tante wohnt mit ihrem Kind in der Stadt.
オイレ タンテ ヴォーント ミット イーレム キント イン シュタット

9. Eine Dame sitzt an dem[2] Fenster und erzählt einem Mädchen ihre Geschichte.
ダーメ ズィッツト アン フェンスター エアツェールト アイネム メートヒェン イーレ ゲシヒテ

10. Das ist nicht die Tasche eines Studenten, sondern eines Kindes.
ダス ニヒト タッシェ アイネス シュトゥデンテン ゾンダーン アイネス キンデス

11. In welcher Stadt wohnen Ihr Onkel und Ihre Tante?
ヴェルヒャー シュタット ヴォーネン イーア オンケル イーレ タンテ

12. Lebt deine Frau in solch einem Land?
レーブト ダイネ フラオ ゾルヒ アイネム ラント

13. Dieser Student lernt Deutsch und geht nach Deutschland.
ドイチュ ナーハ ドイチュラント

14. Dieses Buch gehört keinem Jungen und Mädchen. Das ist meines.[3]
ディーゼス ブーフ ゲヘーアト カイネム ユンゲン メートヒェン ダス イスト マイネス

15. Dieser Mann sucht nicht seine Frau, sondern sein Kind.
ディーザー マン ズーフト ニヒト ザイネ フラオ ゾンダーン ザイン キント

---

6. このかばんはある学生のものだ（ある学生に属している）。
7. 我々の兄［弟］はその婦人とまだ結婚しない。
8. 君達の伯母さんは，彼女の子供と町に住んでいる。
9. 1人の婦人が窓のそばに腰かけて1人の少女に自分の［身の上の］話をしている。
10. これは学生のかばんではなく，子供のかばんだ。
11. あなたの伯父さんと伯母さんはどの町に住んでいるのですか？
12. 君の細君はそんな国で生活しているのか？
13. この学生はドイツ語を習って，ドイツへ行く。
14. この本は少年のものでも少女のものでもない。それは僕のものだ。
15. この男の人は自分の妻でなく，自分の子供をさがしている。

16. Was für eine Tasche schenken Sie Ihrer Frau?
ヴァス フューア タッシェ シェンケン イーラー フラオ

17. Meine Mutter besucht oft ihren Onkel und ihre Tante.
ベズーフト オフト イーレン オンケル イーレ タンテ

18. Ich schenke diesem Jungen ein Buch, denn[4] er lernt sehr fleißig.
シェンケ ディーゼム ユンゲン ブーフ デン レルント ゼーア フライスィヒ

19. Kein Baum steht vor dem Haus eures Onkels.
カイン バオム シュテート フォーア オイレス オンケルス

20. Glauben Sie, kein Mensch trinkt Bier in Amerika?
グラオベン トリンクト アメーリカー

21. Mein Bruder sagt zu seinem Freund: „Ich gehe oft nach Berlin."
マイン ブルーダー ザークト ツー ザイネム フロイント イヒ ゲーエ ナーハ ベルリーン

22. In jener Wohnung wohnt keine Dame, sondern ein Student.
イェーナー ヴォーント ゾンダーン アイン シュトゥデント

23. Unser Lehrer liebt solch eine Tat nicht.
ウンザー レーラー リーブト ゾルヒ アイネ タート ニヒト

24. Gehört das Buch in deinem Wagen jenem Studenten oder diesem Jungen?
ゲヘーアト ブーフ ダイネム ヴァーゲン イェーネム シュトゥデンテン オーダー ユンゲン

25. Der Mann liebt seine Frau und die Frau ehrt ihren Mann.
エーアト

---

16. どんなバッグをあなたはあなたの奥さんにプレゼントするのですか？
17. 私の母はたびたび自分の伯父と伯母を訪問します。
18. 僕はこの少年に１冊の本をプレゼントする，というのは彼はとてもまじめに勉強するからです。
19. 君たちのおじさんの家の前には木が１本もない。
20. アメリカではだれもビールを飲まないとお信じになりますか？
21. 私の兄弟が自分の友人に向かって言う，「僕はたびたびベルリンに行く」と。
22. あの住宅には，婦人が住んでいるのではなく，１人の学生が住んでいる。
23. 我々の先生はそうした振舞いを好みません。
24. 君の車の中にある本は，あの学生に属するのか，それともこの少年に属するのか？
25. 夫はその妻を愛し，妻はその夫を尊敬する。

26. Hans, mein Freund[5], liebt nicht nur Ihre Tochter, sondern
ハンス　マイン　フロイント　リーブト　ニヒト　ヌーア　イーレ　トホター　ゾンダーン
auch meine Schwester.
アオホ　マイネ　シュヴェスター

27. Er heiratet nicht nur das Mädchen, sondern auch das Geld
ハイラーテット　ダス　ゲルト
ihres Onkels.
オンケルス

---

26. 僕の友人のハンスはあなたの娘さんだけでなく僕の妹をも愛しています。
27. 彼は，その娘と結婚するのみならず，彼女の伯父の財産とも結婚するのである。

注と文章論

[1] steht: 前にも1度,注をしたことですが，stehen「立っている」という動詞は，ドイツ語では，単に「ある」という意味で非常に応用範囲の広い語です。たとえば Dieses

stehen の用法

Wort steht im Buch. といえば，文字通りには「この語は本の中に立っている」ですが,別に立っているの寝ているのということを考えず，単に「ある」と思えばよろしい。また「太陽は天にあり」は Die Sonne steht am Himmel. ですが，これも別に太陽が2本足で立っているわけではありません。なおこの課に stehen の諸種の用法が出てきますから注意して下さい。

[2] an dem: 略して am としてもよろしい。

[3] das ist は *that is* です。この das は，*that* の意の指示代名詞として用いたもので，中性定冠詞の das ではありません。「それは何とかである」という時に das ist を

***that* の意味の das**

用います。次に複数がくれば das sind です。たとえば Das sind mein Vater und meine Mutter. (それは私の父と私の母です。)

[4] denn は英語の *for* に当る接続詞で，den と間違えてはいけません。

[5] Hans, mein Freund: mein Freund が説明的に追加されているのです。こうい

同格説明語 (Apposition)

う追加的説明句を，文法上「同格説明語」(Apposition [アポズィツィ**オー**ン]) といいます。つまり mein Freund Takeda「私の友人武田」などという時には，説明語の方が前に来ますが，それを反対にして Takeda, mein Freund ということもできるのです。Apposition の方が後に来る時には，Apposition の前後をコンマで仕切ることを忘れてはいけません。

第6講
名詞の複数形について

前講までは，名詞は便宜上「単数」のみを用いてきました。これからいよいよ複数を研究せねばなりません。

英語では，名詞の複数形は非常に覚えやすく，たいていの名詞は *-s* を語尾に付けるとその複数ができます。たとえば *book* は *books* となり，*horse* は *horses* となるなどです。けれども，たとえば *mouse* が *mice* になったり，*man* が *men* になったりする，いわゆる不規則なものが例外としてほんのわずかばかりあります。

ところが，ドイツ語はそういう風にはいきません。まず当分のうちは，ドイツ語の複数はすべて *mice*, *men*, *children* 的で，つまりその語その語について，1語ずつ特別に覚えるつもりで取りかかっていただきたいのです。たとえば der Mann の複数が die Männer [ディー **メ**ッナー] だったり，die Blume「草花」の複数が die Blumen だったりするのですから，その間に多少の規則みたいなものがあるにしろ，まず大体において「複数形は1つの新しい単語である」と覚悟する必要があるのです。

なぜそんなやっかいなことにしてしまったのでしょう？なぜ規則を設けなかったのでしょう？――それは無理もありません，ドイツ語の方が規則よりも先に生まれてしまったのですから。

けれども，複数は全く勝手気ままな形で現われるというわけでもありません。英語のように一律には行かぬ，というだけの話で，二律三律四律ぐらいには行くのです。変ないい方だが，つまり換言すれば，ドイツ語の名詞の複数には，荒っぽく分けて4つ，細かく分けて6つの「類型」があって，この語はこの型にはまる，ということがきまっているのです。たとえば1つの例を挙げましょう。我々が今までに覚えてきた「中性名詞」の主なものが次の9個であったことはほぼ御存知でしょう。

語尾なし	das	Buch	本
	das	Wort	言葉
	das	Haus	家
	das	Kind	子供
	das	Land	国
	das	Geld	金
語尾あり	das	Mädch-en	少女
	das	Fenst-er	窓
	das	Zimm-er	部屋

そのうちで，弱い（すなわちアクセントのない）語尾をひいていない6個のものは，これに -er という語尾を加え，同時に，語幹中の母音を Umlaut（変音）にすると，その複数形ができ上ります。（ただし Kind, Geld のように，変音できない母音 i, e などを持っているものは，そのままにしておきます。）

die	Bücher	[ビューヒャー]	本　(*pl*)
die	Wörter	[ヴェルター]	言葉　(*pl*)
die	Häuser	[ホイザー]	家々
die	Kinder	[キンダー]	子供達
die	Länder	[レンダー]	国々

それから，すでに語尾を持っているものは，そのままをただちに複数に用います。もちろん冠詞は複数冠詞 die に変わらなければなりませんが。

die Mädchen	少女達
die Fenster	窓々
die Zimmer	部屋々々

なおもう1つ例を引くと，女性名詞には -e の語尾の語がたくさんありました。

die Erde	地球，土
die Blume	草花
die Dame	婦人
die Geschichte	歴史，話

これらのものは，必ず -e を -en にして複数形を作ります。

die Erden(注)
die Blumen
die Damen
die Geschichten

以上は，ほんの1例を挙げたまでですが，これらを見てもわかる通り，全然何らの規則もない訳ではなくて，各々多少の例外はあるにしろ，とにかくたくさんの単語に接するうちには，そこには若干の法則のようなものが発見されます。けれども，単語の数がたくさん覚えられないうちから，規則ばかり羅列(られつ)したところで，第一あまり面白くなくて，文法の講義を中断して当分表とばかりにらめっこをしなければならなくなりますから，これはまた後日のことといたしましょう。それよりも，ドイツ語の名詞の複数はどんな形をしているかという事を速やかに印象に残し，同時にその数個の類型について若干の例語を覚えて今後の基礎を作るという事の方がずっと緊急な問題です。

語尾の点から見れば複数形には4個の類型あり

ここでちょっと断わっておきますが，これから述べんとするところは，単複の関係ですが，それをもっと厳密にいうと，「単数1格と複数1格との間の関係」です。

単数の1格から出立して，それに対する複数の1格を考えると，これまでの数例でもわかる通り，こう言う事ができます。すなわち，単数形から複数形に移るときには，単数形のままちっとも字が増さないで複数になるか，それとも単数の上に何か語尾がついて複数ができ上るかのどちらかであって，それ以外の場合，すなわち複数の方が単数より短くなったり，ましてや原形をとどめないまでに変えられてしまう，といったようなことはない，ということの一事で

[注] ドイツ語を多少知っている人には，die Erdeの複数などがあるのかしら？ と思う人がいるかも知れません。そう思う人は，だいぶドイツ語がわかりかけた人です。――なるほど「地球」の複数はまず有り得ませんが，「土」の複数はあります。たとえば，土にも粘土，陶土，腐植土，砂土，泥土などと色々ありますから，それらを指して「種々の土」というときには複数が現に必要になってくるのです。――語学をやる人は，あらゆる方面に興味が動かなければなりません。

す。(注)

まず，語尾の点で複数形を分類すると，次の 4 種になります。

［1］ 単数形のままがただちに複数形に用いられるものがある。 たとえば

das Mädchen	——	die Mädchen	少女
der Onkel	——	die Onkel	伯父
der Wagen	——	die Wagen	車
der Himmel	——	die Himmel	天
das Zimmer	——	die Zimmer	部屋
das Fenster	——	die Fenster	窓
der Lehrer	——	die Lehrer	先生

語尾が同一だという意味で，これを**「同尾式」**と呼んでおきます。
ただし，ある種の語に限って，a, o, u の幹母音が ä, ö, ü にかわります。

der Vater (ファーター)	——	die Väter (フェーター)	父
die Mutter (ムッター)	——	die Mütter (ミュッター)	母
die Tochter (トホター)	——	die Töchter (テヒター)	娘

備　考　Tochter は初めて出てきた語ですから新たに覚えて下さい。Tochter は英語の *daughter* で，Mädchen は *girl* です。前者は Sohn (*son*) に対するもので，後者は Junge (*boy*) に対するものです。――それから，変音した際の発音に注意して下さい。――Tochter でわかるように，ch が英語の *gh* に相当することも記憶して下さい。例を挙げると――

Licht *n* (リヒト)	(*light*)	光
Macht *f* (マハト)	(*might*)	力
hoch (ホーホ)	(*high*)	高い

［注］ 外来語には，単数形よりも複数形の方が短くなるものもあります（Fatum 宿命, *pl* Fata など）が，そんな特殊なことをいっているのではなく，ここでは純ドイツ語の基本的な原則を述べているのですから，挙げ足取りのようなことを言う知ったかぶりの人たちの言に感心してはいけません！

lachen　(*to laugh*)　笑う
ラッヘン

[2]　次には，**単数形の後へ -e なる語尾を加えて複数形を作るものがあります**。これを「E 式」と呼んでおきます。

der Brief —— die Briefe　手紙
der Tisch —— die Tische　机
der Freund —— die Freunde　友達
das Wort —— die Worte*　言葉

備　考　das Wort には 2 種の複数形があります。前にちょっと表にあげた Wörter [ヴェルター] の方は，言葉と言葉との間に意味の関係のないときすなわち，今現に単語を羅列していますが，これらの数単語を指して diese Wörter「これらの単語」といいます。ところが，意味のある構造をとったもの，すなわち「文や句」は Worte といいます。たとえば Er ist ein Mensch.「かれは人間である」なる文は，Er と ist と ein と Mensch との，4 個の Wörter からなっている Worte である，といえば面白くハッキリわかるでしょう。

ただし，「E 式」にも，やはり幹母音を変ずるものがあります。

der Baum —— die Bäume　木
バオム　ボイメ
die Stadt —— die Städte　町
シュタット　シュテーテ
der Hut —— die Hüte　帽子
フート　ヒューテ
der Stock —— die Stöcke　ステッキ
シュトック　シュテッケ

備　考　Hut と Stock は新単語です。Hut は英語の *hat* にあたり，ふち付きの帽子にしか言いません。Stock は，複数の Stöcke [シュテッケ] の方がやや日本語のステッキに近いのは面白い現象ですね。——die Stadt の複数は，ä が長くなっています。すなわち [シュテーテ] です。けれども [シュテッテ] とも言います。

[3]　次は，すでに 1 例として表示したことのある Buch — Bücher 型です。すなわち，**単数形の後に -er を加えて複数形とするものです**。

この型は，前にもいったように，中性の名詞が多いので，中性名詞のポツンと 1 つづりのもの Buch, Land, Kind などは，大部分これに属します。

それから，**いやしくも変音し得る母音があれば必ず変音する**。ただ e, i, ie,

ei は，変音したくてもできないからやらない，——この点が前の2つの式と大変違っています。「同尾式」には，たとえば der Wagen — die Wagen; der Onkel — die Onkelなど，a, o があるにもかかわらず変音しないものがありました。「E 式」も同じで，現に Wort — Worte は o があるにかかわらず変音していません。ところが，ただ今述べている式（語尾が -er になるから**「R 式」**と呼んでおきましょう）は，変音できさえすれば必ず変音するのです。

das Buch ブーフ	——	die Bücher ビューヒャー	本
das Wort ヴォルト	——	die Wörter ヴェルター	単語
das Haus ハオス	——	die Häuser ホイザー	家
das Kind キント	——	die Kinder キンダー	子供
der Mann マン	——	die Männer メンナー	男，夫

[4] 最後は**「N 式」**です。すなわち，Blume — Blumen などのように，**語尾が -en に終るようにする式です。**——もっと厳密にいうと，-e, -er -el, など，アクセントのない語尾をひいているものには -n のみを加え，そうでないものには -en を加えるという事になります。

決して変音しないという点と，女性が多いという点には特に注目を要します。

die Tasche タッシェ	——	die Taschen タッシェン	かばん
die Frau フラオ	——	die Frauen フラオエン	女，妻
die Tante タンテ	——	die Tanten タンテン	伯母
die Wohnung ヴォーヌング	——	die Wohnungen ヴォーヌンゲン	住居
die Wahrheit ヴァールハイト	——	die Wahrheiten ヴァールハイテン	真理
die Schwester シュヴェスター	——	die Schwestern シュヴェスターン	姉妹
die Insel インゼル	——	die Inseln インゼルン	島

御存知の範囲の事に関係して，特に御記憶をねがいたいのは，Junge, Mensch

など，いわゆる男性弱変化名詞は全部このタイプの複数形を持っているという点です。これには例外は1つもありません。しかし，これらの男性は，2格以下がすべて -en, -en, -en となるのですから，複数もついでに -en だということは，ごく覚えやすいと思います。

der Mensch	——	die Menschen	人間
der Junge	——	die Jungen	少年
der Student	——	die Studenten	学生

複数1格の定冠詞は die（女性と同形）

以上で，複数の4式，並びにその実例はすみました。複数にはすべて die という定冠詞を付しておきましたから，特にいう必要もありますまいが，「複数1格」の定冠詞は die です。

複数系統一覧表

分解は以上ですみましたが，これをひとつの表にしておくことも必要でしょう。念のために次の表をおしらべ下さい。

ただし，ウワーッといって悲鳴をあげたり，奇声を発したりしてはいけませんよ。すでにすんだ事を表にするきりなんですから，今までの事が頭にはいったかどうかを，この表をしらべる事によって確かめてみて下さい。

	変音の関係	単複の関係	例語
同尾式	同音同尾式 変音同尾式	*s* –　*pl* – *s* –　*pl* ¨–	der Onkel — die Onkel der Vater — die Väter
E　式	同音E式 変音E式	*s* –　*pl* –e *s* –　*pl* ¨–e	das Wort — die Worte der Baum — die Bäume
R　式	変音できる母音は必ず変音	*s* –　*pl* ¨–er	das Wort — die Wörter das Kind — die Kinder
N　式	絶対に変音せず	*s* –　*pl* –(e)n	die Sonne — die Sonnen die Insel — die Inseln

備　考　Wort の複数が2形ある事に関しては少し前に述べました。

Umlaut [変音] に関する 2, 3 の注意

Baum「木」の複数が Bäume [ボイメ] になる時，au [アオ] の音が äu [オイ] すなわち eu と同音になる，この現象を Umlaut [ウムラオト] という事はすでに発音の部でやりました。

この Umlaut (変音) なる現象は，文法上の法則として，いろんな場合に現われてきますから，名詞の複数形のみならず，今後も常に注意していて下さい。すでに述べたことのある「縮小名詞の作り方」もその 1 例です (たとえば Mann [男] が Männchen [小男] に変わるなど)。

ついでに au の変音が äu になることもこの際特に御注意下さい。英語とくらべて見ても，似た現象がみつかります。たとえば英語では *mouse* の複数は *mice*, ドイツ語では Maus — Mäuse [モイゼ] すなわち変音 E 式です。

辞書をしらべる際の注意

前述の表では *pl* -e といったような略符号を用いましたが，これは辞書や単語集で普通用いられている略符号を採用したので，これは特に覚えていていただきたいと思います。表中の，「単複の関係」の列と，「例語」の列とを見くらべて，これらの符号が何を意味するかを御研究下さい。

備　考　*pl* は Plural (複数) の略，*s* は Singular (単数) の略です。

辞書で名詞をひくと，普通，まず *m* とか *f* とか *n* とか，あるいは 男 女 中 などで性が示してあります。その次には，「単数 2 格の形」が示してあります。ことに，男性名詞にあっては，強変化か弱変化かが決まらなければ格変化ができませんから，必ず 2 格形が示してあります。-en とあればそれは弱変化男性名詞だし，-es または -s とあれば，それは普通の変化，すなわち強変化です。

その次には「複数形の 1 格」が示してあります。その示し方が，普通は上述のような略符号で示してあるのです。だから，たとえば，Maus *f*「はつか鼠」の *pl* が ¨e で示されてあったら，すぐに Mäuse [モイゼ] と読み得るように，字形と発音とに対する自信ができなければなりません。定期試験の部では必ずこの複数を作る問題を出しますから準備しておいて下さい。

複数の格変化

さて，次には，複数を「がのにを」4段に活用する方法です。今までのは単に複数1格のみの話ですから。

複数の格変化は非常に簡単です。名詞そのものは，3格において -n をつけるきりで，1格・2格・4格は全然同形です。1例を挙げましょう。

die Männer [der Mann の *pl*]
メッナー

I	die	Männer	男達が
II	der	Männer	男達の
III	den	Männern ☜ (メッナーン)	男達に
IV	die	Männer	男達を

die Bäume [der Baum の *pl*]
ボイメ

I	die	Bäume	木々が
II	der	Bäume	木々の
III	den	Bäumen ☜ (ボイメン)	木々に
IV	die	Bäume	木々を

die Onkel [der Onkel の *pl*]
オンケル

I	die	Onkel	伯父達が
II	der	Onkel	伯父達の
III	den	Onkeln ☜ (オンケルン)	伯父達に
IV	die	Onkel	伯父達を

定冠詞の方はまあ改めて覚える必要がありますが，名詞そのものの語尾は，要するに3格に -n をつけることさえ忘れなければよいのです。

複数格変化の定則
名詞そのものには，3格に -n を付するのみ
（ただし既に -n を有する時はそのまま）

ただし，1格の形がすでに -n を語尾に持っていることがあります。たとえば「N式」の複数形は全部それです。die Blume, *pl* die Blumen「草花」; die Dame, *pl* die Damen「婦人」; der Mensch, *pl* die Menschen「人間」——これらは，3格に -n をつける必要がありません。そうすると，結局，格が4つとも同形になるわけで，ただ前につく冠詞のみによって格を見分けることになります。

die Menschen [der Mensch の *pl*]
メンシェン

I	die	Menschen	人間達が
II	der	Menschen	人間達の
III	den	Menschen	人間達に
IV	die	Menschen	人間達を

要するに複数の格は冠詞類の語尾で見分けるといってよい

要するに，複数の格を見分けるには，名詞そのものではなく，むしろ名詞の前につけられるものの語尾に頼るという結論になってきます。3格の時に -n をつけるという事もあるにはあるが，それだとて必ずしもすべての名詞には通用しない。結局1番重要なのは，たとえば定冠詞の die, der, den, die です。この die, der, den, die 4段の形を明確に記憶にとどめて下さい。

複数表現の格語尾は
1格（が） -e
2格（の） -er
3格（に） -en
4格（を） -e

die, der, den, die に現われている -e, -er, -en, -e なる語尾は，これが取りも直さず複数の「強語尾」なのです。mein-「私の」, dein-「君の」, kein-[否定冠詞] などの不完全強語尾属も，また der, dieser, jener, welcher, jeder などの完全強語尾属も複数ではすべてこの -e, -er, -en, -e なる記章をお尻に付けます。念のために，その数例を表示します。

s	dieser ディーザー	Tisch ティッシュ	この机
pl	diese ディーゼ	Tische ティッシェ	これらの机

I	dies-e	Tische	これらの机が
II	dies-er	Tische	これらの机の
III	dies-en	Tische-n	これらの机に
IV	dies-e	Tische	これらの机を

s	mein マイン	Kind キント	私の子供
pl	meine マイネ	Kinder キンダー	私の子供達

I	mein-e	Kinder	私の子供達が
II	mein-er	Kinder	私の子供達の
III	mein-en	Kinder-n	私の子供達に
IV	mein-e	Kinder	私の子供達を

s	unsere ウンゼレ	Tante タンテ	我々の伯母
pl	unsere ウンゼレ	Tanten タンテン	我々の伯母達

I	unser-e	Tanten	我々の伯母達が
II	unser-er	Tanten	我々の伯母達の
III	unser-en	Tanten	我々の伯母達に
VI	unser-e	Tanten	我々の伯母達を

不定冠詞の複数は無冠詞
***s* ein Mann, *pl* Männer**

不定冠詞 ein だけは複数で eine, einer, einen, eine を作るわけには行きません。ein は，英語の *a*, *an* ですが，同時に *one* にも相当するからです。一にして複数なりなんてことは概念が許しません。「1人の男達」(eine Männer) なんてことはいわれない。そこで，単に「男達」(Männer) といわなければならない事になってきます。それとも2人とか3人とかをつけて zwei Männer「2人の男達」, drei Männer「3人の男達」などといいます。

ein Mann の複数

I	Männer	男達が
II	Männer	男達の（使用せず！）
III	Männern	男達に
IV	Männer	男達を

ein Mensch の複数

I	Menschen	人間達が
II	Menschen	人間達の（使用せず！）
III	Menschen	人間達に
IV	Menschen	人達達を

名詞の前になんにも付けないとなると，よほど前後の関係で意味がはっきりする時でないと使われません。たとえば Der Löwe liebt Menschen.「ライオンは人間達を愛する」と言えば，これは Menschen が4格たること一目瞭然です。また Dieser Löwe gehört Menschen.「このライオンは数人の人間に属する」とも言い得るでしょうから，3格もまあ動詞の意味によってわかります。1格は1番無難で Menschen wohnen hier. といえば「人間達がここに住んでいる」だから，Menschen が1格なことは火を見るよりも明らかです。けれども，2格だけはちょっと困る。たとえば，「それは数人の人間の住居である」を Das ist die Wohnung Menschen. とは言えません。――要するに2格だけは，こういう場合には決して使わないのです。

備　考1　それでは，無冠詞の際の2格はどうしたらよいかというと，それは，例の von（英の *of*）と3格で表現するとか，あるいは全然言い方をかえます。Das ist die Wohnung von Menschen.　Diese Wohnung gehört Menschen.「この住居は人間に属する」

備　考2　冠詞を省くのは，必ずしも ein の複数に相当する概念，すなわち「数個の」「数人の」を意味する場合のみではありません。1つの観念を特に強調するときにも冠詞を省くのです。ただ今のべた Das ist die Wohnung von Menschen. なども実はそれです。Das ist die Wohnung von Menschen, nicht von Tieren.「それは人間の住居である，決して動物のではない」とでもいったような際，あるいはそれを簡潔にいおうとする時に用いる形式です。しかしこんな事は，まあ高級文法の方に属しますから，ただ今の程度では，あまり気にしないでおいていただく方がよいと思います。意味の細かな事をあんまり気にかけた日には文法の要点はとてもたどり尽せませんから。

複数形のみの語 die Eltern「両親」, die Leute「人々」
エルターン　ロイテ

最後に，複数形だけしか無い語を 2, 3 紹介しておきます。これは必ず覚えて下さい。

die Eltern *pl* (エルターン)	両親
die Leute *pl* (ロイテ)	人々
die Ferien *pl* (フェーリエン)	休暇

備　考　Eltern は英語の *elder* と同じような語源で，alt（英 *old*）「年老いた」の比較級から来ています。*elder* と発音も似ているから，それで覚えて下さい。意味は英語の *parents* です。——Leute は，英語の *people*, *folk*, *men* などに相当する語で，男女を共に含み， Männer und Frauen の意で，また Menschen というのとまあ同じです。

das Auto「自動車」の複数は die Autos
アオトー　アオトース

最後にちょっと例外的な複数形を持っている名詞について一言述べておきます。例外というものは致し方のないもので，何にでも例外というものがありますが，複数の語尾にもそれがありまして，たとえば英語と同じように，単数形の後へ -s を付け加えて複数形を作るものが多少あります。

s		*pl*	
das Auto	⟶	die Autos	自動車
der Tank (タンク)	⟶	die Tanks (タンクス)	タンク

das Foto (Photo) フォートー	⟶ die Fotos (Photos) フォートース	写真
der Streik シュトライク	⟶ die Streiks シュトライクス	ストライキ
das Hotel ホテル	⟶ die Hotels ホテルス	ホテル

第６回 定期試験

［1］ 名詞の複数形を，その語尾によって分けると幾種類になるか，かつその名称は何か。（外来語を除く。）

［2］ 次の名詞の複数を正書し，かつ発音せよ。

1. der Präsident 大統領
2. die Wahrheit 真理
3. der Freund 友人
4. der Baum 木
5. der Mann 男，夫
6. der Mensch 人間
7. das Buch 本
8. die Insel 島
9. die Mutter 母
10. der Vater 父
11. das Kind 子供
12. die Tochter 娘
13. die Schwester 姉妹
14. der Bruder 兄弟
15. der Wagen 車，自動車
16. das Wort 言葉
17. das Zimmer 部屋
18. das Land 国，国土
19. das Haus 家
20. das Mädchen 娘
21. die Stadt 都市
22. die Frau 女，妻
23. die Sonne 太陽
24. die Wohnung 住居
25. die Dame 婦人
26. der Student 学生
27. der Diamant ダイヤモンド
28. die Geschichte 歴史，物語
29. das Fenster 窓
30. der Chinese 中国人

［3］ 次の単語（新単語）の複数を正書し，かつ発音せよ。

1. der Garten *pl* ¨ 庭
2. der Lehrer *pl* − 教師
3. die Hand *pl* ¨e 手
4. das Pferd（プフェーアト） *pl* −e 馬
5. das Lied *pl* −er 歌
6. der Wald *pl* ¨er 森
7. der Bauer *pl* −n 農民
8. der Nachbar（ナハバール） *pl* −n 隣人
9. die Uhr *pl* −en 時計
10. der Apfel *pl* ¨ リンゴ

［4］ 複数の定冠詞を各格に変化させること。

［5］ 複数においては，名詞そのものにはどんな語尾が付くか？

［6］ 次の句をドイツ語で言い，同時に格変化を表示せよ。

1. この父達
2. あの教師達

3. 私の数匹の犬
4. 彼の数個の時計
5. 君のいくつかの歌
6. あなたの両親
7. 彼女のいくつかのリンゴ
8. 彼らの本 (*pl*)
9. 我々の両手
10. 君達の隣人達

[7] ein Lied「1つの歌」の複数形は何か。

[8] 次の文の誤りを正せ（同時に和訳せよ）。

Die Äpfel ist auf meinem Hand.
エップフェル イスト アオフ マイネム ハント

[9] 次の文の誤りを正せ（同時に和訳せよ）。

Diese Hunde gehören deinen Nachbar.
ゲヘーレン ダイネン ナハバール

[10] 男性弱変化名詞は何式の複数形を持つか？

LEKTION 5

新単語

Schule *f pl* *-n* シューレ	学校	hinter ヒンター	(と3格)	・・・の背後に
Straße *f pl* *-n* シュトラーセ	街道	zu ツー (第4課に既出)	(3格支配)	・・・に向かって
immer イッマー	いつも			
studieren シュトゥディーレン	研究する	hier ヒーア		(英: *here*)
aber アーバー	しかしながら			
sehr gut ゼーア グート	非常によく (英: *very well*)			

1. Jungen und Mädchen kommen aus ihrer Schule und gehen nach Hause[1].
ユンゲン ウント メートヒェン アオス シューレ ゲーエン ナーハ ハオゼ

2. Die Studenten studieren Philosophie und lernen auch Deutsch.
シュトゥデンテン シュトゥディーレン フィロゾフィー ドイチュ

3. Die Autos dieser Studenten stehen hier unter den Bäumen.
アオトース シュトゥデンテン シュテーエン ヒーア ウンター ボイメン

4. Die Lehrer wohnen in den Häusern hinter der Schule.
レーラー ホイザーン ヒンター シューレ

5. An den Straßen unserer Stadt liegen Gärten und Häuser.[2]
アン シュトラーセン ウンゼラー シュタット リーゲン ゲルテン ホイザー

訳 1. 男の子や女の子が，彼らの学校から出て来て，家に帰って行く。
2. 学生達は哲学を勉強し，ドイツ語も習っている。
3. この学生達の車（複数）はここの木々の下においてある。
4. 先生達は学校のうしろの家々[の中]に住んでいる。
5. 私達の町の街路の側には，庭園や家が横たわっている（ある，の意）。

6. Meine Schwestern gehen mit den Töchtern meines Nachbars
シュヴェスターン ゲーエン テヒターン マイネス ナハバールス

tanzen.[3]
タンツェン

7. Die Kinder sitzen unter den Bäumen und singen Lieder.
ズィッツェン ウンター ボイメン ズィンゲン リーダー

8. Auf den Tischen liegen die Taschen der Jungen.
アオフ ティッシェン リーゲン タッシェン ユンゲン

9. Hinter der Schule liegen Straßen, Gärten und Wälder[4].
ゲルテン ヴェルダー

10. Die Studenten trinken Bier und singen ihre Studentenlieder.[5]
シュトゥデンテン シュトゥデンテンリーダー

11. Der Student geht nur eine Tasche in der Hand[6] in die

Vaterstadt[7].
ファーターシュタット

12. Die Kinder Ihrer Nachbarn suchen Blumen im Garten meines
キンダー イーラー ナハバールン ズーヘン ブルーメン イム ガルテン マイネス

Onkels.

13. Deine Uhr liegt im Zimmer der Lehrer auf dem Tisch.
ウーア ツィンマー レーラー アオフ ティッシュ

14. Ich glaube den Worten meines Nachbars, denn er sagt nur
イヒ グラオベ デン ヴォルテン ナハバールス デン ザークト ヌーア

Wahrheiten.
ヴァールハイテン

---

6. 私の妹達は近所の娘達と踊りに行く。
7. 子供達は木々の下に坐って歌をうたっている。
8. 机（複数）の上には少年達のかばんが置いてある。
9. 学校の背後には道路や庭や森（すべて複数）がある。
10. 学生達はビールを飲んで，彼等の学生歌をうたう。
11. 学生はたったひとつのバッグを持って故郷の町へ行く。
12. あなたの隣人達の子供らが，草花を私の叔父の庭で探しています。
13. 君の時計は，先生の部屋の机の上に置いてある。
14. 私は私の隣人の言を（3格）信ずる，なぜならば，彼は本当の事しか言わないから。

15. Ich finde die Diamanten meiner Schwester nicht auf dem
フィンデ ディアマンテン シュヴェスター
Tisch: sie liegen also[8] unter dem Tisch.
ティッシュ アルゾー ウンター

16. Diese Inseln gehören nicht Deutschland,[9] sondern Japan.
インゼルン ゲヘーレン ドイチュラント ゾンダーン ヤーパン

17. Die Töchter unseres Lehrers tanzen sehr gut; meine Schwestern
テヒター レーラース タンツェン ゼーア グート シュヴェスターン
loben sie immer.
ローベン インマー

18. Die Freunde meiner Eltern sagen immer zu meinem Bruder:
フロインデ マイナー エルターン ザーゲン インマー ツー ブルーダー
„Ach, Sie rauchen schon?"[10]
アハ ラオヘン ショーン

19. Meine Brüder trinken noch nicht, aber meine Schwestern
ブリューダー トリンケン ノホ アーバー シュヴェスターン
trinken oft Bier.
オフト

20. Wir lernen Wahrheiten nicht aus den Büchern, sondern immer
レルネン ヴァールハイテン アオス ビューヒャーン インマー
nur aus den Taten der Menschen.
ヌーア アオス ターテン

21. Diese Mädchen kennen die Studentenlieder sehr gut; sie lernen
ケンネン シュトゥデンテンリーダー ゼーア グート
diese Lieder von ihren Brüdern oder Freunden.
リーダー フォン ブリューダーン オーダー フロインデン

---

15. 私は私の姉妹のダイヤ（複数）を机の上には発見しない。するとそれらは机の下に落ちているのだ。
16. これらの島々はドイツに属するのではなく，日本に属する。
17. 我々の先生の娘さん達はとても上手に踊る。私の姉妹達はいつも彼女達をほめる。
18. 私の両親の友人達は，いつも私の兄弟に向かって言う，「おや，あなたはもう煙草を吸うんですか？」
19. 私の兄弟たちはまだ［酒を］飲まないが，姉妹たちは時々ビールを飲む。
20. 我々は，真理を，決して書物（複数）の中からではなく，常に人間共の行動からのみ学ぶのである。
21. この少女達は学生歌を非常によく知っている。彼女達はこれらの歌を彼女達の兄弟達，あるいは友人達から習うのである。

22. Ein Liederbuch liegt auf dem Tisch. Es gehört unserm Kind.
アイン リーダーブーフ リークト エス ゲヘーアト ウンゼルム

23. Meine Schwestern tanzen nicht mit meinen Freunden, sondern
シュヴェスターン タンツェン ミット フロインデン
immer nur mit jenen Studenten.
インマー ヌーア イェーネン シュトゥデンテン

24. Seine Freunde studieren nicht nur Philosophie, sondern auch
ザイネ フロインデ シュトゥディーレン フィロゾフィー
Geschichte.[11]
ゲシヒテ

25. Vor jedem Haus[12] liegt ein Garten, und in jedem Garten
フォーア イェーデム ハオス ガルテン ウント
stehen Apfelbäume.
シュテーエン アップフェルボイメ

26. Auf meiner Insel lebt kein Freund, kein Nachbar; nur in den
インゼル レーブト カイン フロイント ナハバール ヌーア
Ferien kommen Leute aus den Städten.[13]
フェーリエン ロイテ アオス シュテーテン

27. Der Student sucht sein Wörterbuch, aber er findet es immer
シュトゥデント ズーフト ヴェルターブーフ アーバー フィンデット インマー
noch[14] nicht.
ノホ ニヒト

22. 1冊の歌の本が机の上に置いてある。それは我々の子供のものである。
23. 私の妹達は私の友人達とではなく，いつもあの学生達とばかり踊っている。
24. 彼の友人達は哲学ばかりでなく，歴史も研究している。
25. どの家の前にも1つの庭園があり，どの庭園の中にもリンゴの木（複数）がある。
26. 私の島には1人の友達，1人の隣人も住んでいない。ただ休暇中だけ方々の都会から人々がやって来る。
27. その学生は自分の辞書を探しているが，かれはそれをまだいまだに発見しない。

注と文章論

[1] **nach Hause**「家へ，すなわち自宅へ」は熟語です。nach Hause gehen というのが「帰宅する」ということです。熟語というのは，つまり，そのままの形で習慣的に用いられる句のことですから，あまり理詰めで考えてはいけません。少年達や少女達は，みんなそれぞれ別々の家に帰るだろうから， Haus が単数なのはおかしい， nach den Häusern でなければいけない・・・などと考えてはいけないのです。――また nach Hause の句で，Hause の前に冠詞がありませんが，これも熟語の特徴で，前置詞の次の名詞に冠詞が省かれる時には，熟語である場合が非常に多いのです。

nach Hause gehen ナーハ ハオゼ ゲーエン	帰宅する
zu Hause sein ツー ハオゼ ザイン	在宅である
zu Fuß gehen ツー フース ゲーエン	徒歩で行く（Fuß は「足」）

第2講で述べましたように，以前は2格で -es の語尾をとる名詞には3格語尾の -e を付けていました。現在ではほとんど付けられなくなりましたが，いくつかの熟語では，この3格語尾が残っているものがあります。nach Hause gehen も zu Hause sein もその1つですが -e を省いて nach Haus, zu Haus といってもいっこうにかまいません。

不定句の語順は日本語の通り

ついでに上述の「不定形の句」の語順を見て下さい。英語ならば *to go home* とか，*to be at home* とか，とにかく動詞の不定形を1番前にもってきますが，ドイツ語では，日本語と同じように，1番最後に置きます。文章論では，これが非常に重要です。助動詞を使うときには，すべてこの日本語と同じ語順の「不定句」を ich will [英語の *I will*] とか er kann [英語の *he can*] とか，その他そういったようなものの後にそのままの形で連結するのです。たとえば「私は帰宅しようと思う」は ich will nach Hause gehen で，「彼は帰宅することができる」は er kann nach Hause gehen です。英語の *I will go home* や *he can go home* に比べて，*go* (gehen) の位置が大変ちがうところに注目を要します。

正置法と倒置法
――主語と定形動詞の――

[2] この文の配語法に注意して下さい。普通は主語（すなわち1格の名詞）が第1位に来て，その次に，その主語の人称と数とに従って変化をした動詞（これを定形動詞ということはすでに特に強調しておきました）が置かれ，その次にその他のい

ろんなものが置かれなければならないはずです。この点は英語でも，ドイツ語でも，あるいは漢文でも同様です。

[漢　文]	我	愛	汝
[英　語]	*I*	*love*	*you*
[独　語]	Ich	liebe	Sie

この語順を正置法といいます。正置法とはつまり第1位に主語を置き，第2位に定形動詞を置く構造の事です。

ただ今問題になっている文を，正置法で言えば，

Gärten und Häuser liegen an den Straßen unserer Stadt.

となりましょう。

ところが，正置法以外に，「倒置法」という配語法がドイツ語にあります。倒置法というのは，つまり主語と動詞とが逆の位置になることをいうのです。

たとえば，問いの文は倒置法です。

Lieben **Sie** meinen Bruder?
あなたは私の兄弟を愛しますか？

Geht **dieser Junge** nach Hause?
この男の子は家へ帰るのか？

太く印刷した句は主語ですが，動詞（すなわち定形動詞）との順が倒置されているでしょう？

主語・定形動詞以外のものを先置する際は倒置法

ところが，倒置は，疑問文の場合ばかりではなく，ふつうの文においても，何か特別なものを特に強調せんがために第1位に持ってくるというと，その次には，主語を置かないで動詞を置き，主語は第3位（時とするともっとずっと後の方）に置きます。Ich liebe Sie.「私はあなたを愛します」は正置法ですが，特に Sie を強めて，「あなたを私は愛します」（すなわち「他の人をではなく･･･」といわんばかりの表現をしたい時）という時には Sie ich liebe. は誤りで，Sie liebe ich. でなければなりません。

An den Straßen dieser Stadt liegen Häuser und Gärten. も，それと同じわけでこういう語順になっているのです。An den Straßen dieser Stadt Häuser und Gärten liegen. とすると誤りになります。

こうした倒置法が，この課からさかんに用いられていますから，単語や文章以外，文章論的方面にもこれから追い追い御注目を願います。

[3] **Meine Schwestern gehen . . . tanzen:** こういう種類の構造はこれまでにもすで

定形動詞と不定形動詞

に多少出てきたことがあります。日本語でならば「探しに行く」と言いますが，その際「行く」の方が定形（人称変化した形）で，「探しに」の方が不定形（人称変化しない形，すなわち不定形のこと）であるのに注意を要します。今までに出てきた同じような構造を復習すると：

ich lehre singen	私は歌うことを教える
ich lerne tanzen	私は踊りかたを学ぶ
ich gehe rauchen	私は喫煙しに行く

不定形でいうと，

singen lehren	歌うことを教える
tanzen lernen	踊りかたを学ぶ
rauchen gehen	喫煙しに行く

不定形はすべて日本語の語順と同じになるということは，ちょっと前に説明したばかりです。英語ならば，すべて正反対の語順になりましょう。

[4] **Straßen, Gärten und Wälder:** 多くのものを列挙する際には，普通の場合ではたいてい1番おしまいの結び目にだけ und を使い，他は Komma [**コ**ッマ] で仕切ることになっています。

[5] **Studentenlieder:** これは一見してわかるように，Studenten「学生達」と Lieder「歌」との，いわゆる複合名詞です。つまり「学生歌」の意です。ドイツ語は，ごく少数の基礎単語をもって，こういう風に複合名詞をつくります。だから，こういう長い語は，ひとつひとつ辞書の御厄介にならなくても，分解して意味を考えればわかるわけです。中にはもちろん，どう考えても結合法のわからぬものがあるにはありますが，大体わかるものが多いから，本講座においても，よほどのものでないと特に「新単語」として課の初めに掲げる事はいたしません。この課にはそういうものをかなり使っておきました。

[6] **eine Tasche in der Hand**「1つのバッグを手に」——こういう簡潔な言い方はよく出てきます。mit einer Tasche in der Hand「手に1つのバッグを持って」といってもよいのです。

[7] **Vaterstadt:** これも複合名詞です。「祖国」を Vaterland というように，故郷の町，生まれた町を Vaterstadt といいます。

[8] **also**「すなわち，それでは，かるが故に」——英語の *also* [**オ**ールソウ] とは全然別物ですから混同しないで下さい。つづりが全く同じだから，よく間違えます。意味は英語の *therefore* または *for this reason* です。

[9] **Deutschland** も **Japan** も，固有名詞ゆえ，冠詞こそ付いていませんが，ここでは3格です。それは gehören「属する」という動詞の意味からわかるわけです。

[10] **Sie rauchen schon?**「あなたはもう喫煙なさるのですか？」——これは，正置法で

す。「問い」の文章なのに，なぜ Rauchen Sie schon? と倒置にならないのでしょう？——驚いて問うたり，疑問に思って尋ねたりするときには，本当に答えが聞きたくて尋ねる際とはちがいますから，むしろ正置法のままでやります。

[11] nicht nur . . . , sondern auch . . .: これは，nicht nur と sondern auch とが，お互いに関連して1つのまとまった意味をなしているもので，これのもっと簡単な nicht . . . , sondern . . . という形式は，すでに今までにもたびたび用いて来ました。nicht nur . . . , sondern auch は，英語の *not only . . . but also* で，「〜のみならず，同時にまた〜も」の意です。

> **対照的接続詞**
> **nicht . . ., sondern . . . 及び**
> **nicht nur . . ., sondern auch . . .**

[12] Vor jedem Haus: この jedem に注意して下さい。jeder (英語の *every*) と jener (英語の *that*) とは，よく似ているので，初学者はしょっちゅう間違えます。

> **jeder と jener とを混同すべからず**

[13] この文にも2回**倒置法**が用いられています。

[14] immer noch は，「まだ相変らず」「いまだに」という熟語です。こういうものは，1語1語の意味を知っているばかりでなく，数個を一括した形をそのままごっそりと覚えなければなりません。

第7講
動詞の不規則な人称変化

本講においては，第1講でやったことをもう1度復習し，同時に，重要なことを2, 3補足するわけです。

基礎的な知識

第1講でやった事を少しでも忘れていると，これからの話がわからなくなりますから，ごく簡潔に要点を繰り返しておきましょう。次の諸項のうち，少しでも納得のいかない事があったら，それは予備知識に欠陥がある証拠ですから，まず第1講のその場所を読みなおして下さい。

[1] 動詞の不定形は，必ず「語幹」と「不定形語尾」とから成る。たとえば kommen においては，komm- が語幹であって，-en が不定形語尾である。

[2] 語幹自身がすでに -er, -el の語尾を有している時には，不定形語尾は -en でなく，単に -n である。たとえば wander-n「ハイキングをする」，zweifel-n「疑う」など。

[3] 例外として sei-n（英語 *to be*）と tu-n（英語 *to do*）とは，第2項に当てはまらないにもかかわらず -n の語尾を持っている。

[4] 人称変化は，語幹の後に ich ——e; du ——st; er ——t; wir ——en; ihr —— t; sie ——en の語尾をとる。

[5] ただし，人称語尾の付け方には多少の注意が必要である。それは，「口調上の e」を抜き差しすることである。たとえば finden「発見する」は er findt でなく，e を入れて findet とする。wandern「ハイキングをする」は ich wandere ともいうが，e を省いて ich wandre という方が口調がなだらかになる。

又，語幹が -s, -ß, -z で終る動詞，たとえば reisen「旅行する」には du の人称語尾で -st ではなく -t をつける。

以上が，これまでにやってきた文法の要点です。以下がこの講の新たな知識になります。

geben「与える」の人称変化

ところが，これから研究しようというのは，人称変化に多少今まで通りに行かない点のある動詞です。たとえば早速 geben [英語の *to give*] の人称変化を挙げて見ましょう。これは，これからの研究の出発点にもなり，かつまた，非常によく使われる動詞でもありますから，必ず丸暗記をして下さい。☞ で示したところだけが今までの規則からはずれる所です。

不定形 **geb-en**「与える」
ゲーベン

―― 語幹は geb- ――

	ich	geb-e	私が与える	wir	geb-en	我々が与える
☞	du	**gib-**st	君が与える	ihr	geb-t	君達が与える
☞	er	**gib-t**	彼が与える	sie	geb-en	彼らが与える

geben のような人称変化をするもの

geb-en の変化を見ると，du と er の 2 個所において，geb- が gib- に変っています。g も b も同じだが，ただ真中の母音 e が i に変っているわけです。

これを一般に通じるようにいうと，ドイツ語の動詞の中には，人称変化において，語幹の母音（これを幹母音と呼びます）が変わるものがある。ただし変るといってもそうむやみに変るのではなくて，単数の 2 人称と 3 人称とにおいてである。――まずこういったような事になってきます。

では，どういう母音がどういう動詞においてどう変るか？――これを詳しくやり出すと，初等講座の枠からはみ出ることになりますから，本講座においては，よく用いられるものの中の 2, 3 を研究し，それをもって今後の基礎とすることにいたしましょう。

まず，そのうち最も重要な，-e が -i に変るものから片づけましょう。以下に挙げるのが，その主なものです。

geben　　与える　　(gibst, gibt)
ゲーベン　　　　　ギーブスト　ギーブト

essen エッセン	食べる	(ißt, ißt) イスト イスト
helfen ヘルフェン	助ける	(hilfst, hilft) ヒルフスト ヒルフト
sprechen シュプレッヒェン	話す	(sprichst, spricht) シュプリヒスト シュプリヒト
sterben シュテルベン	死ぬ	(stirbst, stirbt) シュティルブスト シュティルブト
vergessen フェアゲッセン	忘れる	(vergißt, vergißt) フェアギスト フェアギスト
lesen レーゼン	読む	(liest, liest) リースト リースト
sehen ゼーエン	見る	(siehst, sieht) ズィースト ズィート
nehmen ネーメン	取る	(nimmst, nimmt) ニムスト ニムト

備　考 1　essen の er ißt は，er ist と全く同音になります。

備　考 2　essen「食べる」と vergessen「忘れる」とは，du も er も同形になります。lesen「読む」もそうです。

備　考 3　これらの新単語を覚える時には，いつも英語の何に該当するかに注意していると，非常に覚えやすくなります。essen (*eat*), vergessen (*forget*), helfen (*help*), sprechen (*speak*), sehen (*see*) など，半数以上は英語とどこか似たところがあります。

上の単語表には，右の方に du と er のところの形を示しておきましたから，これによって人称変化表を作ることは容易です。たとえば nehmen「取る，英語の *take*」の表を作ろうと思えば，nimmst なる不規則形を du のところへ，nimmt を er のところへ，それから，その他のところはすべて不定形 nehm-en の語幹 nehm- の上に御存知の人称語尾 -e, -en, -t などをつけていけばよいのです。たいていはわかるでしょうが，ひとつこれらの動詞をすでに講義中に暗記してしまうように，念のために，それらの1つ1つについて，その活用と，文章の中に現われてくる際の鑑別に慣れましょう。

文　例

[1] Er gibt seinem Nachbar einen Apfel.
ギーブト ザイネム ナハバール アップフェル

（彼は自分の隣人に1個のリンゴを与える）

[**2**] Das Kind des Nachbars ißt einen Apfel.
ナハバールス イスト
(隣人の子供がリンゴを食べている)

[**3**] Er vergißt immer seine Frau.
フェアギスト イッマー フラオ
(彼はしょっちゅう自分の細君を忘れる)

[**4**] Der Vater hilft seinen Nachbarn.
ヒルフト ナハバールン
(父は自分の隣人達に手を貸す)

[**5**] Dein Kind spricht schon sehr gut.
キント シュプリヒト ショーン ゼーア グート
(君の子はもう非常によく話す)

[**6**] Die Wahrheit stirbt nie.
ヴァールハイト シュティルブト ニー
(真理は決して死せず) nie=「決して‥ ない」(英語の *never*)

[**7**] Er liest den Brief seines Vaters.
リースト ブリーフ
(彼は彼の父の手紙を読んでいる)

[**8**] Du siehst deinen Nachbar am Fenster stehen.
ズィースト アム フェンスター
(君は君の隣家の人が窓辺に立っているのを見る)

[**9**] Er nimmt seine Tasche und geht.
ニムト
(彼は彼のかばんを取って去る)

上例のごとく，文中に現われてくる時には，3人称と2人称の単数では，nimmt とか siehst とかいう不規則な形を取っていますが，これをただちに不定形に直して nimmen とか siehen とかが辞書にある形だと思ってはいけないわけです。こういうものは，こうした筋道がわかっていて初めて辞書が引けるので，文法の大切なことはこれでもわかります。

辞書などに出ている不規則動詞表を見ることに慣れよ

こうした不規則な現象は，今に「不規則動詞表」というものを見ることに慣れてくると，その大体の輪かくがわかるようになります。そうした表は，辞書や文法書の巻末などに付いているものですが，(この講座にも，中巻の最後に付けてあります)，しかし何の準備もなく眺めたのではちょっとわかりませんから，文法でひと通り研究した上で，あるいは文法の進行と共に段々とその表に慣れる事が必要です。ただ今やっている事なども，そうした表にちゃんと出ていることに過ぎないのですが，表を見ると，普通用いられるものとそうでないものとの区別がつきませんから，まず当分は講座の方に出てくるものを盲目的に暗記していただけば，それが一番役に立ちます。

要するに不規則な現象はまる暗記に限ります。sehen が siehst, sieht に変っているのなども，よく見ると，i ではなく，ie であるとか，nehmen が nimmt になる際に m が 2 個になって, h が除かれるなど，多少にかかわらずみんな不規則です。

幹母音 a が ä に変音するもの

今度のも，やはり du と er との所で幹母音が変るもので，a が ä に変じます。これも数にすると相当あります。まずその 1 例として fahren (何か乗物に乗って「行く」こと) の活用を覚えましょう。

備　考　gehen「行く」はごく一般的な「行く」ですが，電車とか自動車とかに乗って行くときには，歩いて行くのと区別するために fahren を用いるのがドイツ語の特色です。たとえば，「彼は自動車で行く」という際に Er geht mit dem Auto [アオトー]. と言わず，mit dem Auto「自動車で」という句がある以上は必ず Er fährt mit dem Auto. と言います。——また，汽車や汽船が「走る」のも，「走る」(laufen) を用いず，Das Schiff fährt.「船が走る」などと言います。

不　定　形　**fahren**「乗って行く」
ファーレン

—— 語幹は fahr- ——

ich fahre	私が行く		wir fahren	我々が行く
☞	du **fährst**	君が行く	ihr fahrt	君達が行く
☞	er **fährt**	彼が行く	sie fahren	彼らが行く

これと同じようになるのでは，以下の数語を覚えておけば足ります。(よく見ると，色々な点で形の不規則なものがありますから注意を要します。)

fahren ファーレン	(乗物で) 行く	(fährst, fährt) フェーアスト　フェーアト
fallen ファレン	落ちる	(fällst, fällt) フェルスト　フェルト

fangen ファンゲン	とらえる	(fängst, fängt) フェングスト　フェングト
schlafen シュラーフェン	眠る	(schläfst, schläft) シュレーフスト　シュレーフト
schlagen シュラーゲン	打つ	(schlägst, schlägt) シュレークスト　シュレークト
halten ハルテン	保つ	(hältst, hält) ヘルツト　ヘルト
erhalten エアハルテン	受け取る	(erhältst, erhält) エアヘルツト　エアヘルト

文　例

[1] Eine Dame fährt mit dem Auto.
フェーアト ミット アオトー
（1人の婦人が自動車に乗って行く）

[2] Ein Junge fällt vom Baum.
ユンゲ フェルト フォム バオム
（1人の少年が木から落ちる）

[3] Du fängst einen Vogel.
フェングスト フォーゲル
（君は1羽の鳥をとらえる）

[4] Ihr Kind schläft schon.
イーア シュレーフト ショーン
（彼女の子供はもう眠っている）Ihr は「彼らの」とも，またあるいは「あなたの」「あなた達の」とも解せられます。

[5] Der Junge schlägt seine Schwester mit der Hand.
シュレークト シュヴェスター
（少年は妹を手でたたく）

[6] Er hält seinen Hut in der Hand.
ヘルト フート ハント
（彼は自分の帽子を手に持っている）

[7] Der Onkel erhält einen Brief von seinem Freund.
エアヘルト ブリーフ
（伯父は1通の手紙を友人から受け取る）

laufen「走る」の人称変化

不規則中の主なものは，要するに e が i になる geben の型と，a が ä になる fahren 型との２種類に過ぎませんが，なおそれらに似た現象が多少ありますから，その１例として laufen を暗記してもらいます。

不定形　**laufen**「走る」
ラオフェン

ich	laufe ラオフェ	私が走る	wir	laufen ラオフェン	我々が走る
☞ du	**läufst** ロイフスト	君が走る	ihr	lauft ラオフト	君達が走る
☞ er	**läuft** ロイフト	彼が走る	sie	laufen ラオフェン	彼らが走る

wissen「知っている」の人称変化

最後に，wissen（知っている）の１語は，他に例のない，全然不規則な変化をします。これはもう文法ではなくて全くの暗記です。

不定形　**wissen**「知っている」
ヴィッセン

☞ ich	**weiß** ヴァイス	私は知っている	wir	wissen ヴィッセン	我々は知っている
☞ du	**weißt** ヴァイスト	君は知っている	ihr	wißt ヴィスト	君達は知っている
☞ er	**weiß** ヴァイス	彼は知っている	sie	wissen ヴィッセン	彼らは知っている

備　考　ihr「君達」のところで wissen が wisst にならないで ss を ß と書きかえるところに注意をねがいます。ss というつづり方は，必ずその次に母音がくるときにしか用いません。ich weiß, du weißt などの ß も同じわけです。

文　例

[1]　Unser Lehrer sagt immer: „Ich weiß nicht.“
ウンザー　レーラー　ザークト　イッマー　イヒ　ヴァイス　ニヒト
（私達の先生はいつも「わたしは知らない」という）

[2]　Das Kind ist im Garten, aber die Mutter weiß es nicht.
ガルテン　アーバー　ヴァイス　エス　ニヒト
（子供は庭にいる，しかし母はそのことを知らない）

[3]　Das Kind läuft auf der Straße.
ロイフト　アオフ　シュトラーセ
（子供は道路上を走っている）

読者　ちょっと質問をさせていただきますが，文例のところに，Ein Junge fällt **vom** Baum.「1人の少年が木から落ちる」というのがありました。vom というのは，von の誤植ではありませんか？　英語の *from* という前置詞にあたるのが von だという事は教わりましたが，vom なんてのはまだ出てきませんでした。恐らくは *from* の *m* を連想したために生じた誤植でしょうね？

講師　ははは，いや，たまにはそういう教養ある誤植も無いではありませんが，この場合はそうではありません。

vom は von dem の略
im は in dem の略

vom は vom でいいのです。von dem を省略して vom とし，in dem を省略して im とするのは，よくあるのです。今までにだって何度出てきたか知れませんよ。それに，1度もう説明した事があります。

読者　そうでしたかなあ。——それからもう1つうかがいます。geben「与える」の変化で，er gibt の gibt［**ギー**プト］の発音ですが，これは私の記憶に間違いないと思いますが，1つの母音の次に2個以上の子音がくる時には，その母音は短く発音するのではなかったのでしょうか？　そうだとすれば，gibt は「**ギ**プト」でなければいけないわけでしょう？

er gibt の発音

講師　なかなか細かい所に気がつきましたね。そうです。つづりの長短に関する一般的法則は正にその通りです。けれども，ただ今の場合は，別にもとから gibt という独立単語があるわけではなくて，geben［**ゲー**ベン］という不定形が変化した形なんですから，こういう場合には，もとの geb-［**ゲー**プ］という語幹の幹母音が長いから，gibt もやはり i を長く発音します。少し古い書き方だが，しばらく前には er giebt とか du giebst とか書いた時代もある位です。現在では短く［**ギ**プト］とも発音しますが結局両方心得ている必要があるでしょう。

読者　なるほど，それはよくわかりました。そういう事実がなお他にもたくさんありますか？

講師　ありますとも，すでに名詞だってそうでしょう？　たとえば Mädchen は，かつて申し上げたように，英語の *maid* または *maiden* に相当する Magd［**マー**クト］（これは g と d との2個の子音があるにもかかわらず，例外として長綴です）という言葉があって，それに縮小語尾 -chen が付いたのですから，d と ch とが重なっていても a はやはり長綴です。Magd それ自身だって，a が長いのには語源的にわけがあります。古代ドイツ語では magat だったのですからね。

読者　そうなると私達にはちょっとわかりませんね。

講師　こんなのはもちろん例外として振仮名に注意していて下さればよろしいでしょう。しかし,名詞の格変化にだって,そういう現象が起こってきますよ。たとえば der Hut [**フ**ート]「帽子」の2格は,正式にやれば des Hutes ですが,時には略して des Huts [デス　**フ**ーツ] となっている事があります。その場合,たとえ t と s とが重なっていても,もとの形の Hut の u が長いから, Huts の u もやはり長いのです。

読者　Hut を英語の *hat* [ハット] のように「ハット」または「フット」といったら間違いですか？

講師　間違いではありません。

読者　間違いではないのですか？

講師　間違いではなくって兇行です。およそドイツ語の発音に対して加えられ得べき最も戦慄(せんりつ)すべき惨行の1つです。もってドイツ人の心胆を寒からしむるに足るですな。

読者　こいつはどうも恐縮しました。しかし,思うに,ドイツ語は少々つむじ曲りな所がありますな。英語では最後に1個の子音が来ている時には *hat* のように短く発音しているのを,それをわざわざ Hut [**フ**ート] と延ばして発音したり,そうかと思うと *word*「言葉」などは英語では長く延ばして発音しているのに,ドイツ語では,子音が2つ重なるからという口実の下に,まるで当て付けのようにわざわざ Wort [**ヴ**ォルト] と短く発音するなんて,いくらなんでも余りひねくれ過ぎるじゃありませんか。もっとアッサリするわけにはいかないものでしょうか。習わされる我々がとんだ迷惑じゃありませんか。

講師　そう興奮しちゃあいけません。興奮するとお互いに話がわからなくなるから,まず気を落ちつけて冷静に話しましょう。――貴説は一々ごもっともですが,言語は必ずしも国際間の協調一致は必要としないでしょう。それに英語の短綴というやつは,たとえば *hat* にしたところで,ドイツ語などのいわゆる短綴とはずいぶんわけが違うでしょう？　英米人の実際に *hat* を発音するのを聞いてごらんなさい。決して振仮名の「ハット」の「ッ」に厳密に相当するような詰め方はしてはいませんよ。むしろ「ヘァーット」とでも書きたくなるほど a を延ばしています。ことに,「これは *cap* じゃない „*hat*“ だよ君！」などと,特に *hat* 1語を強調力説せんとするに当っては, *hat* の *a* を5分間（は少し長いが）延ばしても平気です。もっとも,延ばした後で,いよいよ最後の *t* を発音せんとする間際になるというと,急に *hat* が短綴であったことを思い出して（まさか思い出すというわけでもないかも知れないが）遅ればせにちょっと *a* の最後を「詰める」ような具合にも聞えますがね。――ところがドイツ語の短綴は正味掛値なしの短綴なんで,たとえば er hat [英語の *he has*] の hat [**ハ**ット] を英語のように「ハ――ット」などとやることは絶対にないといえます。――これをもってこれをみるに,ドイツ語の長短はどこへ出しても恥かしくない実質的な長短なんだが，英語の方の長短というやつは，あれは実はインチキ，ハッタリ，メキリ，カッパも甚だしきものです。いったい英語というやつは初めからしまいまでうそで固まっているという事になりはしませんか？

読者　先生，そう興奮しちゃあいけません。まず気を落ちつけて冷静に話しましょう。——次にもう1つうかがいますが，sehen［**ゼ**ーエン］「見る」が変化すると er のところで sieht［**ズィ**ート］となりますね。この sieht というつづりがイヤにやっかいに出来上っている様ですが，ただ今のお話の Hut を［**フ**ート］と発音する式で行けば，単に sit だってかまわなさそうですが，これはどういうわけでしょう？

講師　ドイツ人の内部でもそういう合理化をとなえる人が多少います。けれども，言葉というものは･･･というよりむしろ「書かれた言葉」というものは，なんといったって結局は眼で見るものでしょう？ „Lesen“ ist zunächst „sehen“.（「読む」はまずさしずめ「見る」である）

sieht のつづりについて

ですからね。だから，sieht なら sieht を見て，もとの sehen が連想されるようにつづっておくというのも，これも1つの合理主義（Rationalismus［ラツィオナ**リ**スムス］）ではないでしょうか，合理屋さん，どうです。

読者　そういえばそうですね。sehen に h があるから sieht にも h を入れておきますか。なるほどね。——では siht で沢山でしょう。i を ie にのばす事はよけいじゃありませんか。

講師　こいつは1本参りましたね。——しかし ih というつづりはどうもあんまり出てきません。ihr, ihm なんて，代名詞にちょっとあるくらいなものです。つまり h だけでは延ばし足りない･･･事程左様に i という字はチッポケなんですね。第一，i の上に点をつけたことそれ自身がすでにいかにヨーロッパ人がこのチビ君を引き伸ばそうと努めてきたかを証するものですな。たとえばギリシャ字などでは点をつけていませんからね。——要するに，縦に延ばして見ても，まだ i はなんだか短いような印象を与える字だから，こいつを長そうに見せびらかすには h を付けた上に，おまけに e までつけないと安心できなかったのです。

読者　まるで先生御自身でドイツ語のつづりを制定なすったようなお話ですね。

講師　lesen「読む」が er liest になるのもやはり同じような理由です。——とにかくマア，つづりというやつだけは克明(こくめい)に覚えて下さい。

読者　つづりを克明に覚えるにはどういう方法を取ったらよいでしょう？

講師　それは自分で書いてごらんになるのが一番いいでしょうね。自分で書いて

読本部を逆に練習して下さい

見るとはっきり覚えていきます。見ていくだけの語学は決して発達しませんよ。——そうかといって，何の目あてもなく，ただ書き取って見るばかりでは興味が続きません。それにはいい方法があります。読本の部を下から逆に練習するのです。すなわち，読本に出てくる独文には，次にその訳がついて

いるでしょう？まず独文が読めたら，それをよく読み直して，ほとんど暗記するほどに口につけてしまいます。その次に，訳文の方を見ながら，テキストの独文を思い出してぽつぽつと書いて御覧になるのです。これにはかなりの努力が要りますが，本講座の独文は他に絶対に例を見ない程やさしくできていますから，そういう風にして和文独訳とつづり方とを練習なさるにはもってこいです。これは切におすすめします。ことに多少たりともドイツ語をものにしたいとお望みになる方々はなおさらそうなさる事を希望します。

読者　多少たりともドイツ語をものにしたいとお望みにならない方々があるでしょうか。

講師　では，それは無い事を希望いたします。

第7回 定期試験

[1] warten「待つ」の人称変化表を作れ。

[2] schmeicheln「へつらう」の人称変化表を作れ。

[3] 人称変化の際に，語幹そのものを変ずるものがある。それはどの人称において起こる現象であるか。

[4] そのような動詞のうち，最も主なるものが2種類ある。各々例を挙げて変化の実例を示せ。

[5] 誤りがあれば訂正せよ：Ich gibe meinem Schwester einen Buch.（同時に和訳せよ）

[6] 誤りがあれば訂正せよ：Mein Bruder schlaft im seinem Zimmer.（同時に和訳せよ）

[7] 誤りがあれば訂正せよ：Mein Vater sprechen einen Wort mit sein Bruder.（同時に和訳せよ）

[8] 誤りがあれば訂正せよ：Ein Apfel fallt von der Baum.（同時に和訳せよ）

[9] 「学生が1個のリンゴを食べる」を独訳せよ。

[10] 「1台車が道路の上を走る」を独訳せよ。

[11] 「この少年はだれをも（3格を用いて）助けない」を独訳せよ。

LEKTION 6

新単語

Sohn ゾーン	*m pl* ¨e	息子	fliegen フリーゲン	飛ぶ
Fisch フィッシュ	*m pl* -e	魚	fragen フラーゲン	きく
Luft ルフト	*f*	空気	antworten アントヴォルテン	答える
Wasser ヴァッサー	*n*	水	sammeln ザンメルン	集める
Schiff シフ	*n pl* -e	船	durch（4格支配） ドゥルヒ	・・・を横切って
Zug ツーク	*m pl* Züge	列車，汽車	herum ヘルム	あちこちと
Flugzeug フルークツォイク	*n pl* -e	飛行機	ja ヤー	英語の *yes*

1. Der Lehrer sitzt（ズィッツト） schon（ショーン） im Zimmer（ツィンマー） und spricht（シュプリヒト） mit einer Dame.

2. Die Mutter erhält（エアヘルト） einen Brief（ブリーフ） von ihrem Sohn（ゾーン） und sagt: „Danke（ダンケ） sehr（ゼーア）."[1]

3. Der Lehrer lobt（ローブト） den Studenten（シュトゥデンテン） und hilft（ヒルフト） seinen Freunden（フロインデン）[2].

4. Der Vater sitzt am Fenster und liest（リースト） den Brief（ブリーフ） seines Sohnes（ゾーネス）.

訳 1. 先生はすでに部屋に坐っていて，1人の婦人と話をしている。
2. 母は自分の息子から手紙を受け取って「ありがとう」と言う。
3. 先生はその学生をほめて，彼の友達を助ける。
4. 父は窓辺に腰をおろして，自分の息子の手紙を読んでいる。

5. Mein Sohn fängt oft Fische[3] und schenkt sie unsern
ゾーン フェングト オフト フィッシェ シェンクト
Nachbarn.

6. Ich fliege nach Berlin, aber meine Frau fährt mit dem
ベルリーン
Zug.
ツーク

7. Der Fisch lebt nur im Wasser, und das Wasser ist seine
フィッシュ レーブト ヌーア ヴァッサー
Wohnung, in der Luft stirbt er[4].
ヴォーヌング ルフト シュティルブト

8. Das Schiff fährt auf dem Wasser, und das Flugzeug
シフ フェーアト フルークツォイク
fliegt durch die Luft.
フリークト ドゥルヒ ルフト

9. Ich fahre nach Berlin; nehme[5] ich einen Zug oder nehme
ファーレ ナーハ ネーメ ツーク
ich ein Flugzeug?
フルークツォイク

10. Die Dame sagt: Danke sehr, aber mein Mann ißt keine
ザークト アーバー イスト
Fische, ich auch nicht.[6]
フィッシェ アオホ

11. Der Junge steht am Fenster und wartet, aber immer noch
フェンスター ヴァルテット インマー ノホ
sieht er[7] kein Flugzeug am[8] Himmel.
ズィート フルークツォイク ヒンメル

---

5. 私の息子はしばしば魚を捕えてそれを我々の近所の人達に贈る。
6. 私はベルリンまで [飛行機で] 飛ぶが，妻は汽車で行く。
7. 魚はただ水の中においてのみ生きる，そして水が彼の住家である。空気中では，彼は死んでしまう。
8. 船は水の上を走り，飛行機は空中を [横切って] 飛ぶ。
9. 私はベルリンへ行く。さて汽車に乗ろうかそれとも飛行機に乗ろうか？
10. その婦人の言うには，「どうもありがとうございます，しかし私の夫は魚類はいただきません。私もそうです。」
11. 少年は窓辺に立って待っている，けれども依然として空には飛行機が見えない。

12. Mein Sohn läuft mit seinen Freunden immer in der Stadt
ロイフト
herum und vergißt oft die Schule.
ヘルム　フェアギスト　シューレ

13. Unser Lehrer fährt oft mit dem Auto durch die Stadt, aber
ウンザー　レーラー　フェーアト　シュタット
der Wagen gehört seinem Vater.
ヴァーゲン　ゲヘーアト

14. Mein Sohn hilft der Dame aus dem Wagen.[9]
ヒルフト　ダーメ

15. Der Vater nimmt den Zug und fährt nach Köln.
ニムト　ツーク　フェーアト

16. „Lesen Sie[10]", sagt der Student und gibt dem Lehrer einen
レーゼン　シュトゥデント　ギーブト
Brief.

17. Der Student spricht schon sehr gut Deutsch. Aber sein
シュプリヒト
Vater weiß es[11] nicht.
ヴァイス

18. „Sprichst du die Wahrheit?", fragt der Lehrer den Jungen,
シュプリヒスト　ヴァールハイト　フラークト
und dieser[12] antwortet: „Ja."
ディーザー　アントヴォルテット

19. In den Ferien liege ich oft unter diesem Baum und lese Bücher
フェーリエン　リーゲ　バオム　レーゼ　ビューヒャー
mit meinen Eltern.
エルターン

---

12. 私の息子はいつも友人達と町の中を走り回っていて，よく学校を忘れてしまう。
13. 僕達の先生はよく町中を車で乗り回しているが，その車は彼の父親のものなんだ。
14. 私の息子はその婦人が車から降りるのに手をかす。
15. 父は汽車に乗ってケルンへ行く。
16. 「お読み下さい」，と学生は言って，先生に１通の手紙をわたす。
17. 学生はもうとても上手にドイツ語を話す。しかし彼の父はそのことを知らない。
18. 「君は本当のことを言っているかね？」，と先生は少年にきき，少年（後者）は「はい」と答える。
19. 休暇には私はこの木の下に横になって，私の両親といっしょに本を読むのだ。

20. Die Lehrer fahren mit ihren Autos[13] nach Hause.
アオトース

21. Der Junge hält die Tasche seines Vaters in der Hand.
ヘルト　タッシェ

22. Er sieht seinen Lehrer mit seinen Eltern vor dem Haus
ズィート　レーラー　エルターン　フォーア　ハオス
stehen.[14]

23. In den Ferien wohnt er auf dem Land[15] und vergißt das
フェーリエン　ヴォーント　ラント　フェアギスト
Stadtleben.
シュタットレーベン

24. Ich stehe am Fenster meines Zimmers und sehe die Stadt mit
シュテーエ　フェンスター　ゼーエ
ihren Gärten, Straßen und Häusern in der Sonne[16] liegen.
ゲルテン　シュトラーセン　ホイザーン　ゾンネ　リーゲン

25. Unsere Stadt sammelt Geld und hilft den Nachbarstädten.
ザンメルト　ヒルフト　ナハバール・シュテーテン

26. Das Kind läuft auf der Straße und fällt.
ロイフト　シュトラーセ　フェルト

27. Meine Schwester fährt mit diesem Zug nach München zu
フェーアト　ツーク　ミュンヒェン
ihrer Tante.

---

20. 先生達は自分達の車で家へ行く（帰る)。
21. 少年は父のかばんを手に持っている。
22. 彼は自分の先生が自分の両親と共に家の前に立っているのを見る。
23. 休暇中に彼は田舎に住み，都会の生活を忘れる。
24. 私は自分の部屋の窓辺にたたずんで，町がその庭園，街路，家屋と共に日光を浴びて横たわるのを見る。
25. わたしたちの市は，金を集めて，近隣の諸都市を救済する。
26. 子供は道路を走っていて，ころぶ。
27. 私の妹はこの列車でミュンヒェンの伯母さんのところに行く。(ミュンヒェンへ,伯母さんのもとへ)。

注と文章論

[1] Danke sehr!「ありがとう！」——単に Danke! ともいいます。Ich danke.「私は感謝する」の Ich を省いた形です。

[2] hilft seinen Freunden.: helfen「助ける」という動詞の使い方に注目して下さい。日本語の「助ける」ならば，だれだれ「を」助ける，と言いますが，ドイツ語の helfen はだれだれ「に」helfen すると言うのです。すなわち helfen という動詞は「3格支配」であると言います。こうした，格支配の関係が日本語とドイツ語とでは相違している場合がずいぶんあります。たとえば，これとは反対に例文18の fragen「きく，質問する」は日本語では「少年に（きく）」と3格を取りますが，ドイツ語では den Jungen「少年を」と4格を取ります。つまり fragen は「4格支配」なのです。

動詞の格支配

[3] Fische はもちろん Fisch の複数です。というよりはむしろ ein Fisch の複数です。複数形の説明のところで説明した事を思い出して下さい。

[4] In der Luft stirbt er.: In der Luft er stirbt. とはならないで，stirbt er の順になっている，これが「倒置」です。In der Luft という句が強調先置されているためです。——こういう風に，主語，定形動詞以外のものをわざわざ文頭にもってくると，「空中で」ではなく「空中では」「空気の中でならば」といったように多少仮定的な意味が生ずるのが自然です。必ずそうなるというのではありませんが，そうなる場合が非常に多いといえます。そういう場合には，日本語に訳す時に，「・・・では」「・・・には」といったように，「は」をつけて見るとよくわかります。

強調的先置

強調的先置は多少意味が仮定的になる事が多い

A. 普通の正置

Er spricht kein Wort mit seiner Frau.

彼は一言も自分の妻と話さない。

B. mit seiner Frau の強調的先置（従って定形倒置）

Mit seiner Frau spricht er kein Wort.

自分の妻とは彼は一言も話さない。

[5] nehmen: これは英語の *take* に相当する語ですが，船や車，その他乗物についていう際には，それを「やとう」またはそれに「乗る」の意味になります。たとえば，タクシーをやとう，またはタクシーに乗る，は ein Taxi nehmen すなわち「タクシーを取る」と言うのです。

[6] **ich auch nicht** は ich auch esse keine Fische の省略。

[7] **sieht er** [倒置法]――immer noch「まだ相変らず」を先置したために生じている倒置。

[8] **am**＝an dem――「天に」を am Himmel と言います。たとえば die Sonne steht am Himmel「日は天空にかかる」。

[9] **Mein Sohn hilft der Dame aus dem Wagen.**: 直訳すると,「私の息子はその婦人に車の中から助ける」となります。der Dame が3格になっているのは, 前にも述べたごとく helfen が「3格支配」だからです。意味は要するに婦人の手を取って車の中から出してやることですが, こうした変な構造の文はとくに気をつけて会得することが必要です。

[10] **Lesen Sie!** は Lesen Sie? とはちがって,「お読みなさい!」という命令文です。

命令法（敬称の場合）
Lesen Sie!
「お読み下さい」

厳密に文法的に言うと, この場合の lesen は,「接続法」という少し系統の違った形に属するわけですが, 実用的に言うとすれば, Lesen Sie?「あなたは読みますか?」, Kommen Sie?（あなたは来ますか?）などの質問形が, そのまま「お読み下さい」「来て下さい」という命令法に用いられます。例外は sein「ある」という動詞1語きりです。これは, 質問形は Sind Sie? で, 命令形は **Seien Sie!** です。（質問形と一致するというのは単なる便宜上の覚え方ですが。）

では, この2つの意味はどうして見わけるかというと, それは, 文字に書くときには？と！の印でもって区別し, 実際口でしゃべる際には, 質問の方は句の終の方を尻上りに発音します。いずれにしてもはっきり見分けがつくわけになっています。

[11] **weiß es**「それを知っている」――es は必ずしも名詞を代表するとはきまっていません。

es, das には
「その事」の意あり

「その事」の意になって, 前に立つ文章の総体を1つの事実として受けることがあります。この es（英語の *it*）とほとんど同じなのが das（英語の *that*）です。ここでも weiß es の代りに weiß das と言ってもいいのです。

[12] **dieser** は, こういう風に, よく名詞なしに用います。そうすると, 何かすでに前に1度出た最近の語を繰りかえす代りに用いられる代名詞になるのです。ここでは, すでに -er の語尾でもわかる通り, Junge を指しているのです。――そうするとなぜ er「彼」という代名詞を用いないのだろう？ という疑問が生ずるかも知れません。それには少しわけがあります。すなわち, もし er「彼」と言ったならば, 前に男性の名詞が2個（Lehrer と Junge）あるから, 文法的にはどちらの er だかわからない事になるでしょう。（「答える」という語がある以上は, 意味の方からはそれでも, もちろん十分にわかりますが）そこで,「前者」「後者」を区別せんがために,「前者」には jener を用い,「後者」には dieser を用いることになっています。もちろん -er の語尾は, その受ける語の性, 数によって変ってこなければなりません。

dieser	(*the latter*)	後者
jener	(*the former*)	前者

[13] 自動車 Auto の複数が Autos となるのはよくある例外で, これは特に注意して

下さい (131 頁を参照)。

[14] Er sieht ... stehen.: この文章全体の構造に注意して下さい。1つの形式なのです。sieht の方は定形になっているが，stehen の方は不定形のままです。

Er sieht das Kind laufen.

1. Er sieht den Mann stehen.

   彼は男「が」（4格）立っているのを見る。

2. Er sieht das Kind laufen.

   彼は子供「が」（4格）走るのを見る。

3. Er sieht den Baum fallen.

   彼は木「が」（4格）倒れるのを見る。

stehen, laufen, fallen など，不定形の意味上の主語がすべて4格になるのが特徴です。つまり直訳すると「彼は男を立っているのを見る」という構造です。

[15] auf dem Land: これは，「田舎における」の意で，「国の上」とか「陸上」とかの意ではありません。auf を用いる際の Land は「田舎」の意になることを記憶しておいて下さい。

[16] in der Sonne「日なたで，日光を浴びて」——これは熟語です。

第 8 講
daß などの後における定形後置

これまでは，文の構造という問題に関しては，特に課をさくことをしないで，随時読本により，あるいは読本の後についている「注と文章論」の所々において，原文を理解するに必要なだけの規則を述べてきましたが，いよいよ文法が進んでくると注だけでは間に合わなくなってきましたから，ここにいよいよ 1 講を設けて，今までに出てこなかった新たな構造と新たな配語法とを紹介することにいたします。

まず文例をもって示しますと，

Ich weiß, daß du meinem Sohn hilfst.
イヒ　**ヴァイス**　ダス　ドゥー　**マ**イネム　ゾーン　**ヒ**ルフスト

私は君が私の息子を助けてくれている事を知っている。

備考　**1**　**weiß** は前課で特に人称変化の不規則なるものとして紹介した wissen「知っている」の定形です。こういう，daß「・・・という事」という接続詞が次に来る時には **kennen**「識っている」は用いません。大ざっぱに言えば，名詞を目的語 (4 格名詞のこと) とする際は kennen「識っている」で，文として言い表わすほどの複雑な構造を持った「ある事実」を目的語とするときには wissen「知っている」です。kennen の方はすでにずっと前に出た単語ですから，この事実をもってただちに現在の場合にあてはめるとすれば，「私は皆さんが „kennen“ という単語を既に kennen しておいでになることを wissen します」と言えるわけです。ドイツ語で言えば Ich **weiß**, daß Sie das Wort „kennen“ schon sehr gut **kennen.** となります。

備考　**2**　Sohn *m*「息子」が 3 格になっているわけがわかりますか？——前課の読本の「注と文章論」の [2] をごらん下さい。

これが今から紹介せんとする新規な文章論ですが，さてどこの所がどういう風に新規なのでしょう？

主語と定形動詞

新規なのは，**daß** du meinem Sohn **hilfst**「君が私の息子に手をかしてくれていることを」という部分の配語法です。つまり語順です。もっと具体的にいえば hilfst が du のすぐ次に来ないで，文の一番おしまいに来ているという事実です。daß . . .「・・・だという事を」の文において，du は「主語」(英語の *subject*, ドイツ語では Subjekt [ズプ**イ**ェクト] という) であり，du の人称に従って人称変化している hilfst は「定形動詞」(英語の *finite verb*, ドイツ語では・・・というよりむしろラテン語では verbum finitum [**ヴ**ェルブム　フィ**ニ**トゥム]) ですが，この2つの専門語を用いて一般的に申しますと，ドイツ語では，「定形後置」といって，定形動詞が文の一番おしまいに来る場合があるので，daß で始まる文章がその1例なのです。

この「定形」(定形動詞，定動詞というも同じ) という概念は，たびたび強調してきましたが，これはよほどしっかり理解していただく必要があります。これから文の構造を説明する際に，この術語を用いていけば，私の方でも説明が非常に容易になり，皆さんの方でも理解が非常に速くなるのです。これが何の事だかハッキリしていないと，ドイツ語の文法全体がボヤボヤッとぼやけて，さながら雨にぬれた窓ガラスを通して眺めた夕暮の景色のようになること請け合いです。

普通の独立文を daß . . . の文に改める練習

勘のよい人は，以上の説明でもう十分に納得がいった事と思いますが，勘の良し悪しにかかわらず必要なのは実地の演習ですから，あらゆる程度の勘に向くような実習を試みてこのへんの関係をのみ込んでいただくとしましょう。次に掲げてあるそれぞれ1対ずつの文例を，左と右と，よく見くらべて下さい。

独立文 (定形正置)	従属文 (定形後置)
[1] Sein Vater **trinkt** immer. 彼の父はいつも飲む。	[1] Er sagt, daß sein Vater immer **trinkt**. 彼は，自分の父がいつも飲むと言う。

[**2**] Der Brief **liegt** auf dem Tisch.
手紙は机の上に置いてある。

[**3**] Seine Frau **fährt** mit dem Auto durch die Stadt.
彼の妻は自動車で町を通る（町を乗りまわす）。

[**4**] Ihre Eltern **sind** noch nicht in Berlin.
あなたの御両親はまだベルリンにいません（まだ着いていない，の意）。

[**5**] Die Lehrer **parken** ihre Autos hinter der Schule.
先生達は（自分達の）車を学校の裏にとめている。

[**6**] Ich **lerne** nicht Englisch, sondern Deutsch.
私は英語ではなくドイツ語を習っているのだ。

[**2**] Sie sagt, daß der Brief auf dem Tisch **liegt**.
彼女は，手紙が机の上に置いてあると言う。

[**3**] Er sagt, daß seine Frau mit dem Auto durch die Stadt **fährt**.
彼は，自分の妻が自動車で町を乗りまわすと言う。

[**4**] Sie wissen, daß Ihre Eltern noch nicht in Berlin **sind**.
あなたは，あなたの御両親がまだベルリンに着いていないことを御存知です（御存知の通り・・・というに当る）。

[**5**] Ich glaube, daß die Lehrer ihre Autos hinter der Schule **parken**.
私は，先生達は（自分達の）車を学校の裏にとめていると思う。

[**6**] Ich vergesse immer wieder, daß ich nicht Englisch, sondern Deutsch **lerne**.
私は，しょっちゅう私が英語ではなくドイツ語を習っているのだという事を忘れる。

左と右との，意味として共通な所を取ってその語順を調べると他の点では何の変更もなく，ただ「定形動詞」だけが右方の従属文では一番最後に置かれていることがわかりましょう。問題は要するにそれっきりの話です。

定形動詞の後置は日本語と同じ語順

ここで読者諸氏ははなはだ奇異なる現象を発見されたでしょう。おれは，西洋語というやつは，みんな英語みたいに，主語の次に動詞が来るものと思っていたら，あにはからんやドイツ語はまるで日本語みたいな並べ方だ！

そうなんです。そう思えばいいわけです。すべての場合がそうなると言うのではないが，とにかく daß の場合は必ずそうなるのです。完全に日本語の通りの並べ方です。たとえば，「私は君を愛する」と言うときは，それだけしかない文であれば，漢文の「我愛汝」や，英語の *I love you.* と同じ順序に Ich liebe dich. と言いますが，たとえば，「私が君を愛する事を君は知っているか？」となるというと，私が (1) 君を (2) 愛する (3)・・・という順に並べて，ich dich liebe というわけです。その次に，「事を」という daß がその次に来ないで全体の一番先頭に立つ点は，これは英語と同じです。Weißt du?「君知るや？」がそのもう 1 つ前に来るというのも，これもやはりさすがに西洋語です。(結局 Weißt du, daß ich dich liebe? となります。)

どういう場合に定形が後置されるか？

以上は，話をわかりやすくするために，仮に daß... の場合だけを例に取って述べたのですが，こういう構造になるのは，必ずしも daß で結びつく場合のみではありません。その他，daß に似たような関係になる「従属文」という種類の文においては，すべてそうなるのです。

備　考　「従属文」という言葉の意味をちょっと説明しておきましょう。従属

独立文と従属文

文というのは，「独立文」に対していうので，たとえば Er hilft meinem Sohn.「彼は私の息子に手をかす」は，これっきりでちゃんと 1 つのまとまった意味をなしているから，これは独立文です。ところが，daß er meinem Sohn hilft「彼が私の息子に手をかすという事を」となると，1 つの独立した文とは考えられません。これは，たとえば Ich weiß,「私は知っている」などという，何かまとまった他の文の 1 部分をなして初めて意味をなす，換言すると Ich weiß に従属する文であるから，これを従属文といいます。

主文と副文

それから同時に「主文」「副文」という術語がよく用いられます。Er hilft meinem Sohn. だけで終っている時には，主も副もないが，Ich weiß, daß er meinem Sohn hilft. の際には，前後の 2 部分を区別する必要があるので，Ich weiß の方を主文と言い，daß... 以下を副文と言います。これらの術語は，本書に限らず，文法書その他においてよく使われる術語です。

従属文の種類

では，その従属文にはどんな種類があるか？　こうなると問題が少し大きくなって，あるいは接続詞をずらっと単語として羅列し，疑問詞を全部ならべ，おまけに，もう少し後でやるはずの関係代名詞の説明までしなければならなくなりますが，そういう事は，段々と読本，「注と文章論」などにおいて実際にやっていく事にし，ここではごく必要な初歩知識を覚えるのに止めておきましょう。とにかく daß の場合がよくわかれば，あとは，ああこれも例の daß . . . の際と同じ構造だ，といったようにうなずけるわけですから。

定形後置の 3 つの場合

けれども，これから出てくるいろんな場合を一括して，わかりやすい文例 1 個ずつで系統を付け整理を試み，棚と引出しとを空けて待っていることも必要でしょう。

定形後置の構造を取る場合を分けると次のような 3 つの型になります。（その 1 つ 1 つを「文例」という「みだし」で覚えておく事を忘れないで！）

[1]　従属的接続詞（daß, weil など）の次で

Er fährt mit dem Auto, **weil** sein Vater Geld hat.
フェーアト　アオトー　ヴァイル　ザイン　ファーター　ゲルト

彼は，自分の父が金を持っているから，自動車を乗り回す。

[2]　従属的疑問詞の次で

Ich weiß nicht, **was** er hier sucht.
ヴァイス　ニヒト　ヴァス　ヒーア　ズーフト

私は彼がここで何を探しているか（どんな用事があるのか）を知らない。

[3]　関係代名詞の次で

Das ist der Mann, **der** meine Schwester heiratet.
イスト　マン　デーア　マイネ　シュヴェスター　ハイラーテット

これが，私の妹と結婚するという，その男です。

備　考 1　関係代名詞（上の太文字の **der**）のことはちょっとやっかいですから，ここでは文例をまるのみにしておいて下さい。

備　考 2　以上のほかに，詳しくいうとまだ so と形容詞（または副詞）の場合がありますが，これは少しむずかしくなるから，特に省きました。(so schnell er laufen kann.「彼が走れるだけ速く」等々)

特に記憶すべき従属的接続詞 **daß, ob, wenn, weil, obgleich**

以上にあげた3つの場合のうちで，まず最も力を入れて覚えなければならない基礎的なものは，何といっても今のところは第1の従属的接続詞というやつです。これは沢山ありますが，それらは読本の新単語の所で順次紹介するとしてまず最も初歩なものとして次の5個をしっかりと印象にとめてもらいます。

daß . . . ダス	・・・という事（英語 *that*）
ob . . . オップ	・・・かどうか（英語 *whether* または *if*）
wenn . . . ヴェン	もし・・・ならば（英語 *if*）　・・・た時に（英語 *when*）
weil . . . ヴァイル	・・・なので（英語 *because*）
obgleich . . . オップグライヒ	・・・にもかかわらず（英語 *although*）

文　例（daß は既出につき省略する）

[ob] Ich weiß nicht, **ob** meine Frau zu Hause **ist.**
ヴァイス オップ マイネ フラオ ハオゼ イスト
私の妻が在宅だかどうか，私は存じません。

[wenn] Was tut er, **wenn** sein Vater nicht **hilft**?
ヴァス トゥート ヴェン ヒルフト
父が助けてくれなければ彼はどうする？

[weil] Er hat keinen Freund, **weil** er kein Geld **hat.**
ハット カイネン フロイント ヴァイル カイン ゲルト
彼は，金を持たないから，友を持たない。

[obgleich] Er heiratet sie nicht, **obgleich** er sie **liebt.**
ハイラーテット オップグライヒ リーブト
彼は彼女を愛するにもかかわらず彼女と結婚しない。

定形後置と定形倒置とを混同するなかれ！

この講にはいるまでに，読本の部の「注と文章論」において，「倒置法」という語順を研究してきました。それと今度の後置とを混同してはいけません。「倒置法」というのは，独立文のとる1つの変態的形式ですが，「後置法」というのは，独立文ではなく，従属文のみの話になるのですから，場合としても非常に相違し，第1また定形を主語の前へ出す倒置と，文の一番あとへ持ってくる後置とが全然別物であることは申すまでもないことです。多少でも疑問のある方は，両者を比較して，正確にその差別を認めて下さい。

正置法（主語を第1位に，その直後に定形動詞を置く構造）がいわば基本姿勢であり，主語以外の何物かを強調先置すると倒置という変態的な語順が起り，その次に，接続詞を文頭に置くと定形後置という第3の語順が用いられるのです。念には念を入れよといいますから，そのへんの関係と移り変わりとを次の表で例示しておきます。どんな文が与えられても，直ちにこの3つの形式に活用できるように定形の移動性を十分意識しておくこと，これが文章論と独作文の ABC です。

基本形式	**定　形　正　置** Mein Bruder **spricht** sehr gut Deutsch. 私の兄弟はとても上手にドイツ語を話す。	
派生形式	**定　形　倒　置** Deutsch **spricht** mein Bruder sehr gut. ドイツ語を私の兄弟はとても上手に話す。	**定　形　後　置** daß mein Bruder sehr gut Deutsch **spricht** 私の兄弟がとても上手にドイツ語を話すという事

備　考　Deutsch［ドイチュ］（ドイツ語）という語は，語源的には英語の *Dutch*［ダッチ］（オランダ語）と同じです。オランダ語も要するにドイツ民族の1部なのですから *Dutch* がオランダ語を意味するようになったのはごく自然でしょう。（上の例では deutsch と小書してもよい。）

副文の後に来る主文には定形倒置を行う

後置と倒置との区別が明らかになったら，その次にはいよいよ最後の重大な問題を研究しなければなりません。

また最初の文例 Ich weiß, daß du meinem Sohn hilfst. に帰って論じます。この際，Ich weiß が短かいながらも主文であり，daß du meinem Sohn hilfst がそれに従属する副文であることはわかりました。さてその次に認識しなければならないのは，主文と副文との順序です。

この文例では主文が前に来て，副文が後に来ています。これが正規の順序なので，これがいわば出発点ともなるべき正置法であるということは，例えば仮に daß du meinem Sohn hilfst の代りに es または das「その事を」という代名詞をおいて Ich weiß es. または Ich weiß das. と簡単な形にして見るとわかります。Ich weiß es. はもちろん正置です。

一般的にいうと，とにかく主副 2 文が連なる場合には，主文が前に来，副文が後に来るのが正規の順序なのです。

ところが，その次には，その反対の順序が考えられます。日本語では「君がぼくの息子を助けていることをぼくは知っている」と，daß . . . の部を前に出すのが普通ですが，さてドイツ語でもそれができなくてはなりません。そうすると（ここで Ich weiß がどうなるかに注意して下さい！）:

Daß du meinem Sohn hilfst, weiß ich.

となります。すなわち Ich weiß das. を倒置法にして das を強調先置して Das weiß ich.「その事なら知っている」とやるのと同じわけになってくるのです。また，Daß . . . を先置しておきながら，その上さらに das をも入れてもかまいません：

Daß du meinem Sohn hilfst, das weiß ich.
君がぼくの息子を助けていること，その事ならぼくも知っている。

とくに面白いのは，daß という接続詞そのものが，すでにその発音でもわかるとおり，語源的にも das (中性冠詞の das であると同時に，「それ」の意の das) と同じものなのです。Daß du meinem Sohn hilfst は，いわば das Dumeinemsohnhilfst（2 格は des Dumeinemsohnhilfstes ですかな？. . . まさか!!!）といったような感じを与える，1 つの大変長い名詞のようなものになってしまうので，daß は，それを中性と見て付けられた中性 4 格の冠詞 das

だと思えばよろしいわけです。だいいち英語では das も daß も *that* 1 語で間に合わせていますからね。

副文を主文の前に出す練習

167 頁にある文例をそのまま用いて，正順の構造を，副文先置になおして見ましょう。着眼点は，左の方で正置されている定形動詞が右の方では倒置されているという点です。(すなわち，右の列では，後置と倒置とが同時に現われていることになります。)

正規の順	副文の先置
[**1**] Ich weiß nicht, ob meine Frau zu Hause ist.	[**1**] Ob meine Frau zu Hause ist, [das] weiß ich nicht.
[**2**] Was tut er, wenn sein Vater nicht hilft?	[**2**] Wenn sein Vater nicht hilft, was tut er [dann]?
[**3**] Er hat keinen Freund, weil er kein Geld hat.	[**3**] Weil er kein Geld hat, [darum] hat er keinen Freund.
[**4**] Er heiratet sie nicht, obgleich er sie liebt.	[**4**] Obgleich er sie liebt, [so] heiratet er sie nicht.

備　考 1　das「その事を」，dann「その時は」，darum「そのために」，so「それでも」などが括弧して入れてあるのは，先行する副文の意を強調して，これらの語でその意をもう 1 度くり返してもよいということです。

備　考 2　obgleich の場合だけは，たとえ副文が先置されても Obgleich er sie liebt, er heiratet sie nicht. ということもできます。これは，2 つの相反する事実を力強く対照せしめんとする場合で，形式としては例外と見てよろしいでしょう。

denn と weil との区別に注意せよ

読本の部で，すでに denn「なぜならば」という接続詞をさかんに用いてきました。ところがこの課でも，理由や原因を指す接続詞として weil というのが出てきました。ちょっと両者の区別を述べておく必要がありましょう。

denn の次は主文である

denn は，2つの独立文を結びつけるものです。たとえば，「ぼくは徒歩で行く。車は満員だ」というと，これは「車が満員だから，徒歩で行く」というほど2つの部分が密接に組み合ってはいません。意味はもちろんその意味ですが，「言い方」が大いにちがいます。

Ich gehe zu Fuß, denn der Wagen ist überfüllt.
ぼくは徒歩で行く，なぜならば，車は満員だからだ。

1. Ich gehe zu Fuß, weil der Wagen überfüllt ist.
　ゲーエ　ツー　フース　ヴァイル　ヴァーゲン　ユーバーフェルト
車が満員だから，私は徒歩で行く。

2. Ich gehe zu Fuß. Der Wagen ist überfüllt.
私は徒歩で行く。車は満員だ。

weil の方は ist が後置されていますが，バラバラに離してある方は両方とも正置です。

このバラバラに離れている方の2つの文を，その語順や構造をちっとも変えないで，両者の間にちょっと置くことのできるのが denn です。だから，denn は，あったって無くったって，構造にも意味にも大した関係はありません。意味の方は，まあ多少はっきりする位のものです。

備　考 1　denn という接続詞を，weil や daß などのいわゆる従属的接続詞から区別するために，「並列的接続詞」と呼びます。並列的接続詞の主なものは denn, und, aber, oder です。

備　考 2　時とすると，意味の方から考えて，denn は使えない，あるいは weil は使えないという場合も起ってはきますが，それはまたちょっとやっかいになるから，意味上の区別に関する話は省きます。

主文と副文との間は必ずコンマで仕切ること

文例をごらんになれば一目瞭然ですが，ドイツ語の特徴として，いかなる際にも，主文と副文との間にはコンマ（Komma［コンマ］）を打ちます。(注)

［注］英語から来る癖ですか，（,）のことを普通カンマ，カンマというのを聞きますが，ドイツ語をやる時にカンマというのは変ですから，必ずコンマというようにしましょう。

副文が後に来る時には，daß などの接続詞は副文の方の1部をなすものとして，その前にコンマを打つのです。今までの諸例をごらん下さい。

副文は主文に介在することもある

とくに注意を要するのは，副文が主文の流れを中断して，その途中におかれる時です。その際にはもちろん副文の前後を Komma で仕切り，従って副文は，まるで（　）にはさまれたような形になります。

Ich gehe, weil der Wagen überfüllt ist, zu Fuß nach Haus.
車が満員だから，私は徒歩で家へ帰る。

第8回 定期試験

[1] 次の文を，Er sagt, daß . . . の形式に編入し，同時に訳文を付け加えよ。

1. In diesem Wald wohnt ein Löwe.
2. Sein Nachbar liebt keinen Menschen.
3. Der Fisch lebt nur im Wasser.
4. Die Hunde stehen unter den Bäumen.
5. Der Lehrer dankt seinen Schülern.

[2] 次の文を訳し，かつ主文と副文の順序を反対にせよ。

1. Du weißt, daß er kein Geld hat.
2. Die Leute glauben, daß sie die Tochter jenes Mannes ist.
3. Die Eltern glauben, daß der Lehrer jeden Schüler kennt.
4. Du findest, wenn du suchst.
5. Meine Frau geht nicht aus dem Haus, obgleich ich nicht zu Hause bin.
6. Ich weiß nicht, ob mein Sohn noch schläft.

[3] 次の文例を訳し，かつ主文と副文の順序を反対にせよ。

1. Wenn du hier rauchst, gehe ich aus dem Zimmer.
2. Daß Sie oft trinken, weiß Ihr Vater noch nicht.
3. Obgleich er Student ist, liest er keine Bücher.

[4] 誤りがあれば訂正し，同時に和訳せよ。

Der Vater ist zu Hause, denn sein Hut auf seinem Tisch liegt.

[5] 和訳し，かつ下線の部を先置せよ。

Mein Freund hält <u>die Uhr</u> in seiner Hand.

LEKTION 7

新 単 語

Arbeit アルバイト	*f pl —en*	労働，仕事	bekommen ベコンメン	得る
Recht レヒト	*n pl—e*	権利		
Pflicht プフリヒト	*f pl —en*	義務	behaupten ベハオプテン	主張する
Gegenteil ゲーゲンタイル	*n pl —e*	反対		
Arbeiter アルバイター	*m pl —*	労働者	am Ende アム　エンデ	最後に

——— <・> ———

haben「持つ」の人称変化
ハーベン

ich habe イヒ　ハーベ	私が持つ	wir haben ヴィーア ハーベン	我々が持つ
du hast ドゥー ハスト	君が持つ	ihr habt イーア ハープト	君達が持つ
er hat エア ハット	彼が持つ	sie haben ズィー ハーベン	彼らが持つ

1. Wenn eine Frau[1] Kinder bekommt[2], dann[3] hat sie viel Arbeit.
ヴェン　フラオ　キンダー　ベコムト　ダン

2. Unser Lehrer sagt, daß am Ende die Wahrheit siegt, und mein Vater behauptet das Gegenteil.
ウンザー　レーラー　ザークト　ダス　アム　エンデ　ヴァールハイト　ズィークト　ベハオプテット　ゲーゲンタイル

3. Diese Arbeiter behaupten, daß sie keine Rechte, sondern nur
アルバイター　ベハオプテン　レヒテ

訳 1. 女は子供ができるとたくさんの仕事を持つようになる。
2. 我々の教師は最後には真理が勝つという，そして私の父はその反対を主張する。
3. この労働者達は，自分達は権利というものを持たないで，ただ義務ばかり持っていると主張する。

Pflichten haben.[4]
プフリヒテン　ハーベン

4. Wissen Sie noch nicht, daß Pflicht[5] das Gegenteil von Recht
ヴィッセン　ズィー　ゲーゲンタイル　レヒト
ist?

5. Dieser Lehrer lobt seine Schüler, nur wenn[6] sie fleißig lernen.
ローブト　シューラー　フライスィヒ

6. Die Eltern fragen den Lehrer, ob ihre Kinder fleißig lernen.
エルターン　フラーゲン　オプ　キンダー　フライスィヒ

7. Deine Arbeit geht[7] nicht, wenn du keine Arbeiter nimmst[8].
アルバイト　ゲート　ヴェン　アルバイター　ニムスト

8. Ich zweifle, ob meine Tochter deinen Sohn heiratet, denn er
ツヴァイフレ　トホター　ハイラーテット
arbeitet nicht fleißig und trinkt immer Bier.
アルバイテット　トリンクト　ビーア

9. Ich gebe meinem Freund Geld, obgleich ich weiß, daß er das[9]
ゲーベ　オップグライヒ　ヴァイス
nicht liebt.

10. Ich gehe rasch zu jenen Leuten und frage sie,[10] ob ich noch
ロイテン　フラーゲ　ノホ
Arbeit bekomme.
アルバイト　ベコンメ

11. Wissen Sie, daß Ihr Sohn nur seine Rechte, aber nicht seine
ヴィッセン　レヒテ

---

4. 義務が権利の反対だということをあなたはまだ御存じないのですか？
5. この先生は自分の生徒達がいっしょうけんめい勉強する時だけ彼らをほめる。
6. 両親は先生に（４格）自分の子供達がいっしょうけんめい勉強しているかときく。
7. お前の仕事は，労働者をやとわないと，うまく行かない。
8. 僕の娘が君の息子と結婚するかどうか，僕は疑っている。というのはあの男は仕事をまじめにしないで，ビールを飲んでばっかりいるから。
9. 彼がそういう事を好まないのは知っているが，私は友達にお金を与える。
10. 私はすみやかにあの人々の所へ行って，まだ仕事が手に入るかどうかを彼らに尋ねてみます。
11. あなたの息子さんが，自分の権利だけは知っているが，自分の義務は知らぬ子だということを御存知ですか。

Pflichten kennt?
プフリヒテン　ケント

12. Er fragt herum, findet aber[11] keine Arbeit, weil die Leute
フラークト　ヘルム　フィンデット　ヴァイル
schon seine Geschichte kennen.
ショーン　ゲシヒテ　ケンネン

13. Gehen Sie[12] zu Ihrem Vater, wenn Sie keine Arbeit haben;
denn das ist Ihr Recht.
イーア　レヒト

14. Kinder, ihr vergeßt, daß ihr[13] Eltern, Brüder und Schwestern
キンダー　フェアゲスト　イーア　エルターン　ブリューダー　シュヴェスターン
habt.
ハーブト

15. Ihr wißt, daß ich keine Freunde in dieser Stadt habe, obgleich
ヴィスト　フロインデ　シュタット　ハーベ　オップグライヒ
ich hier wohne.

16. Du siehst, ich gehe oft mit dieser Dame, aber ich weiß noch
ズィースト　オフト
nicht, ob ich sie heirate.
ハイラーテ

17. Wenn du Geld hast, dann trinkst du Bier, und wenn du kein
ゲルト　ハスト　ダン　トリンクスト　ビーア
Geld hast, dann trinkst du Wasser.
ダン　ヴァッサー

---

12. 彼はあちこちと尋ねて回るが，世間の人達がすでに彼の話を知っているので，ちっとも仕事がみつからない。
13. 仕事がおありにならなければ，あなたのお父さんのところへいらっしゃい。なぜといって，それがあなたの権利なのですから。
14. 子供達よ，お前達は，お前達が両親と兄弟と姉妹とを持っているのだということを忘れているぞ。
15. 君達も知っている通り，私はここに住んでいるのに，この町には友人達を持っていないのだ。
16. 君も見ている通り，私はよくこの婦人と一緒に歩いてはいるが，結婚するかどうかはまだわからない。
17. 君は，金があるとビールを飲む，そして金がないと水を飲む。

18. Wenn Arbeit Pflicht ist, dann lieben wir sie nicht; wir lieben
アルバイト　ブフリヒト　ダン
Arbeit nur, wenn[14] sie unser Recht ist.
レヒト

19. Mein Onkel hat ein Haus, aber noch kein Auto.

20. „Haben Sie noch Eltern?“ fragt die Dame das Mädchen,
ハーベン　ズィー　エルターン　フラークト　ダーメ　メートヒェン
aber dieses antwortet mit keinem Wort[15].
ディーゼス　アントヴォルテット　ヴォルト

21. Die Lehrer lehren in den Schulen: Wir Menschen haben nicht
レーラー　レーレン　シューレン　メンシェン
nur Rechte, sondern auch Pflichten.
レヒテ　ゾンダーン　アオホ　プフリヒテン

22. Peter, wenn du deinen Eltern die Wahrheit erzählst, so
エルターン　ヴァールハイト　エアツェールスト　ゾー
bekommst du einen Apfel.[16]
ベコムスト　アップフェル

23. Meine Freunde trinken Bier, obgleich sie kein Geld haben,
マイネ　ビーア　オップグライヒ　ゲルト
oder:[17] weil sie kein Geld haben.
オーダー　ヴァイル

---

18. 労働が義務であるなら，我々は労働を好まない。我々は労働を，ただそれが我々の権利である場合にのみ好むのである。
19. 僕の伯父さんは家は持っているけれど，まだ車は持っていない。
20. 「あなたはまだ両親をお持ちですか？」と婦人は少女に向かって尋ねるが，少女は１言の返事もしない。
21. 教師達は学校で教える：我々人間は，単に権利のみを持っているわけではなく，また同時に義務というものを持っているのだ，と。
22. ペーター，もしお前が，お前の両親に本当の事を話してきかせるならば，リンゴを１つあげよう。
23. 私の仲間達は，金もないのに･･･というよりは：金がない「が故に」ビールを飲むのだ。

注と文章論

[1] **eine Frau:**「そもそも女なるものが」というのだから，ちょっと考えると die Frau と，定冠詞をつけなくてはいけない様に思われるかも知れません。またこの場合は定冠詞でもよいのです。——けれども，不定冠詞を用いるというと，「誰でもよろしい，とにかく任意の1人の女性」という意味が出ます。と同時に，婦人というものの具体的な性質をはっきりと考えさせる効果を伴います。ちょっと細かい問題だが，将来必要でしょうからちょっと片耳にはさんでおいて下さい。

[2] **Kinder bekommt:** bekommen「得る」は英語の *to get* です。非常に用途の広い動詞です。子供を得るというのは，もちろん子供ができること。(英語の *become* と同形ですが，意味は *become* でなくて *get* です)。

[3] **dann:** これは so とも言います。「そうすると」「しかる時には」の意です。講義の際に1言したように，この語はもちろん，ここではあっても無くてもよいので，あった方が wenn . . . の文章の意味にまた改めて力がはいるというだけです。

[4] **Diese Arbeiter behaupten, daß sie keine Rechte [haben], sondern nur Pflichten haben.:** 2つの haben を1つで間に合わせます。

[5] **Pflicht:** 強く言うために冠詞を省いたもの。

[6] **nur wenn . . .:** 逐語的に訳すと，wenn「· · ·の場合に」nur「のみ」です。wenn は「もし· · ·ならば」の意として紹介した接続詞ですが（すなわち英語の *if*），その形が第1，英語の *when* と同じであるのをもってもわかるように，「· · ·の際には」「· · ·の場合には」が原意です。nur wenn は，「· · ·の場合にのみ」という熟語として記憶しておくのが便利です。

[7] **geht:** gehen は「行く」の意ですが，その主語が Arbeit「仕事」などになると，「進行する」の意です。

[8] **nehmen:**（英語の *to take*）「雇(やと)う」の意になります。

[9] **das** は，前の das Geld を代表しているのではなく，「金をもらうこと」という，事実そのものを指しています。

[10] **frage sie**＝[ich] frage sie——fragen「問う」という動詞の用法に注意。日本語はだれそれ「に」問う，ドイツ語はだれそれ「を（4格）」問う。

[11] **findet aber**＝aber findet と同じことです。aber は，その文の先頭に来るのが自然のように考えられますが，必ずしもそうではなく，文の中にはいってしまうことがあります。日本語でも，「しかし僕はこうこうだ」というかわりに「僕はしかしこうこうだ」と言うではありませんか。

[12] **Gehen Sie:** これが命令の形であることはすでに160頁の注において詳述しておきました。

[13]　ihr: これを ihr Eltern などと結びつけて,「彼らの両親が・・・」と考えては文がわからなくなります。また ihr の形がそういう読み方を文法的に許しません。ihre でなければそうは読めないわけです。――ihr は，ここでは「所有冠詞の ihr」ではなく,「代名詞」の ihr「君達」です。

[14]　nur, wenn: これは前に1度出た nur wenn と同じです。こういう風に nur と wenn との中間にコンマが打ってあることもよくありますから注意を要します。

[15]　antwortet mit keinem Wort: 直訳すると,「1言をもっても答えない」――ドイツ語ではよくこういう言い方をします。antwortet kein Wort でもかまいません。

[16]　bekommst du einen Apfel:「お前は1個のリンゴを得る」すなわち,「お前にリンゴを1つやろう」というのをこういう風に言うのです。

[17]　oder:――この：の印を Doppelpunkt [**ドッペル・プンクト**] (2重点) と言います。その次に来る句に対して特に読み手の注意をひこうとする時に用います。

ドイツ文字の筆記体

𝔣 [f] と ſ [s]
エフ　　エス

ſ [s] と 𝔰 [s]

𝔣 と ſ との区別はなかなか厄介です。しばらくはよく注意して見て下さい。帆桁(ほげた)のような横線が右に突き通っているのがエフで，右に突き通っていないのがエスです。ただしエス，すなわちラテン字体の s に相当するドイツ字が 2 個ありますから，これも同時に注意を要します。ſ は普通「長いエス」と呼ばれ，𝔰 は「短いエス」または「結尾のエス」と呼ばれています。というのは 𝔰 の方は，1 語の終りに用いるのが普通だからです。たとえば「家」(**英**: *house* ハウス) は ℌ𝔞𝔲𝔰 (Haus) [ハオス] ですが，これが「家々」(**英**: *houses*) となると ℌ𝔞̈𝔲ſ𝔢𝔯 (Häuser) [ホイザー] となって，同じ s の字が，途中にあるか終りにあるかで変ってくるのです。

𝔫 [n] と 𝔲 [u]
エン　　ウー

𝔫 [n] と 𝔲 [u] もよく間違えます。ドイツ文字の活字を校正するときの頭痛のたねがこの 𝔫 と 𝔲 です。実に意地わるくできているじゃありませんか。この区別には，ドイツ人自身も多少てこずったと見えて，筆記体のときには，𝔲 の上には鉤形の印をつけて 𝔫 と区別しています。これは特に覚えておいて下さい。

𝔬 [o] と 𝔳 [v]
オー　ファオ

𝔬 [o] と 𝔳 [v] もよく似ています。しかしこれは，単語がわかってくればめったに間違えません。

𝔳 [v] と 𝔭 [p]
ファオ　ペー

𝔳 [v] と 𝔭 [p] も，ちょっと混同しそうな恰好です。𝔍𝔞𝔭𝔞𝔫𝔢𝔯 (Japaner) [ヤパーナー]「日本人」と 𝔍𝔞𝔳𝔞𝔫𝔢𝔯 (Javaner) [ヤヴァーナー]「ジャワ人」などは，百年も前だったらドイツ人などはしょっちゅう間違えたでしょう。

𝔯 [r] と 𝔵 [x]
エル　イックス

この2つもよく似ています。ことに 𝔵 の方は，まれにしか用いない字なのでドイツ語を3年もやっている人が，ややもすると字形を忘れてしまいます。

ℑ [I] と ℑ [J]
イー　ヨット

𝔦 [i] の大文字と 𝔧 [j] の大文字とは同じです。

近頃できたハイカラなドイツ字体の活字では ℑ と ℑ の区別を設けて，ℑ (J) の方を少し下の方へ引き延ばして ℑ (I) より長く見せているのも見受けますが，しかしこれはまだ一般的にはなっていません。充分よく注意している人でもちょっと気がつかない位ですから，結局必要はないのでしょう。

𝔠𝔥 𝔠𝔨 𝔱𝔷 𝔰𝔷
[ch] [ck] [tz] [ß]

これらは，すべて1字をなしています。

定期試験解答

第1回定期試験

[1] 母音は，その次に来る子音が1個しかない時に長く発音する。たとえば gut [グート] Rübe [リューベ] Güter [ギューター] など。次に来る子音が2個以上の時は母音は短く発音する。たとえば Runde [ルンデ] gülden [ギュルデン] など。——なお二重母音および h を伴う場合は長く発音する。たとえば Klee [クレー], Haar [ハール], Mehl [メール], Ohm [オーム] など。

[2] e, o, i などその前の母音を長綴に発音せよという印で付いている。

[3] 「前」のつづりにアクセントがある。

[4] Bohne [ボーネ], Henne [ヘッネ], Eule [オイレ]。——(語尾の -e は必ず正しく「エ」と発音する。)

[5]

nein	[ナイン]
neu	[ノイ]
läuten	[ロイテン]
Niere	[ニーレ]
Haut	[ハオト]
Träne	[トレーネ]
Lärm	[レルム]
Flöte	[フレーテ]
Kuh	[クー]
Mut	[ムート]
Ruhm	[ルーム]
Name	[ナーメ]
Lust	[ルスト]
Tee	[テー]
Bein	[バイン]
Ruhe	[ルーエ]
Gas	[ガース]

[6] ä, ö, ü—及び複母音 äu [オイ]。

[7] ä が無かったら ae を用いる。

[8] a-Umlaut [アー・ウムラオト] または「変音アー」と呼ぶ。

[9] au は「アウ」または「アオ」であるが，「アオ」の方が実際に近いから，本書ではそれを用いる。

[10] i, ie, ih, ieh.

[11] eu と äu

[12] ei と ai

[13]

Öl	[エール]
Träume	[トロイメ]
lau	[ラオ]
Brot	[ブロート]
Gut	[グート]
Gürtel	[ギュルテル]
bat	[バート]
Schote	[ショーテ]
Laden	[ラーデン]
schneiden	[シュナイデン]
Heim	[ハイム]
Kot	[コート]
üben	[ユーベン]
eins	[アインス]

[14] fein, mein, Eis, Reis, Preis, Haus, Maus.

第 2 回 定 期 試 験

[1] pf は p と f とを同時に発音する。z は英語の ts のように [ツ] と発音する。

[2] 語をつづりに分解した際に，つづりの中の母音よりも後方にある b, d, g は，それぞれ p, t, k と同様に発音する。

[3] a, o, u, au の後に来る時。

[4] ss を用いる。

[5] chs

[6] ドイツ語の qu は，英語で書けば *kv* に当るが，英語の *qu* はドイツ語で書いて kw に当る。

[7] 英語の *v* は濁り，ドイツ語の v は清音，すなわち f と同じである。

[8] 英語の *w* は「ワ，ウィ，ウォ」などの音を出すが，ドイツ語の w は英語の *v* と同様の摩擦音である。

[9] 語頭に来る場合，及び語内において母音と母音との中間にある際。

[10] 語頭にある場合。

[11] [ヤーパン]

[12] Geige の g は普通の g であるが，Zunge の g は，鼻にかかる g である。

[13] ti の次に，なお 1 つ他の母音が来る際，たとえば語尾によくある -tion などである。(例: Station [シュタツィオーン])

[14]

Hand	[ハント]
Staat	[シュタート]
Ochs	[オックス]
machen	[マッヘン]
Volk	[フォルク]
Kutsche	[クッチェ]
Zorn	[ツォルン]
Wort	[ヴォルト]
Sonne	[ゾンネ]
Ost	[オスト]

[15]

Seife	[ザイフェ]
Sache	[ザッヘ]
wachsen	[ヴァクセン]
gesund	[ゲズント]
Station	[シュタツィオーン]
bald	[バルト]
Schlag	[シュラーク]
Grad	[グラート]
Zwang	[ツヴァング]
Dampf	[ダムプフ]
Qualität	[クヴァリテート]
Pflanze	[プフランツェ]
Esel	[エーゼル]
Milch	[ミルヒ]
sechs	[ゼックス]
Achse	[アックセ]
Krieg	[クリーク]
Thema	[テーマ]
Veilchen	[ファイルヒェン]
Gletscher	[グレッチャー]
Zaun	[ツァオン]
Jäger	[イェーガー]
Paß	[パス]
gelb	[ゲルプ]
Lied	[リート]
Philologie	[フィロロギー]

第 3 回 定 期 試 験

[1] der Mann, des Mannes, dem Mann, den Mann

[2] das Buch, des Buches [または des Buchs], dem Buch, das Buch

[3] die Erde, der Erde, der Erde, die Erde

[4] der Bruder, des Bruders, dem Bruder, den Bruder

[5] das Fenster, des Fensters, dem Fenster, das Fenster

[6] (1) 一番普通なのは das Buch des Bruders (2) das Buch von dem Bruder

[7] -ung の語尾は必ず女性だから。

[8] -chen の語尾の語は，縮小名詞といって，必ず中性である (-lein も同様)。

[9] 前置詞の格支配とは，たとえば von という前置詞を使ったら，その後に付く名詞は必ず 3 格でなければならぬといったような種類の現象である。

[10] 中性である。(*n* は「中性」を意味する略符号である)。

[11] den Onkel

[12] des Wortes または des Worts

[13] dem Tisch

[14] die Blume

[15] der Wohnung

[16] dem Wort

[17] des Baumes または des Baums

[18] der Onkel

第 4 回 定 期 試 験

[1] der Mensch, des Menschen, dem Menschen, den Menschen

[2] der Student, des Studenten, dem Studenten, den Studenten

[3] -mant の方にアクセントがある。弱変化に属する外来語はすべて最後のつづりにアクセントがある。 Pianist [ピアニスト], Präsident [プレズィデント] Student [シュトゥデント] など。

[4] 弱変化である。幹語尾が -e に終る男性名詞は， Käse [ケーゼ]「チーズ」1 語を例外として，他はすべて弱変化。

[5] (1) jenem Jungen — (2) dieser Mutter — (3) jenen Vater — (4) diesen Menschen — (5) welche Stadt? — (6) jedes Mannes — (7) jenen Baum — (8) jedes Buch — (9) jenes Fenster — (10) welches Mädchen? —(11) welcher Mutter?

[6] Der Vater dieses Kindes kommt noch nicht. または Der Vater von diesem Kind kommt noch nicht.

[7] Die Mutter dieses Jungen wohnt in jener Stadt. または Die Mutter von diesem Jungen wohnt

in jener Stadt.

[8] Dieses Mädchen liebt jeden Menschen.

第5回定期試験

[1] 男性1格に -er を欠き，中性1格・中性4格に -es を欠く

[2] (1) ihr [*her*] 彼女の
(2) ihr [*their*] 彼らの
(3) Ihr [*your*] あなたの，または あなた達の

[3] unser の uns- だけを語幹と思って，その上に er, es, em, en を付けたのが間違っている。また Vater の語尾変化にも誤りがある。(I unser Vater, II unseres Vaters, III unserem Vater, IV unseren [unsern] Vater (なおunseres は unsres または unsers と言うこともできる。unserem, unseren も同じように1つの e を略することができる)。

[4] 英語の *to be* に当る sein と，英語の *his* にあたる sein。

[5] Was für ein Baum ist das?(または Was ist das für ein Baum?)

[6] In welch einer Wohnung wohnen Sie!

[7] Solch ein Mädchen liebt keinen Menschen.

[8] Wir haben keine Wohnung.

[9] (1) dein Diamant, Ihr Diamant, euer Diamant — (2) ihr Zimmer — (3) seine Tasche — (4) unser Fenster — (5) ihre Mutter — (6) mein Bruder — (7) sein Gesicht

[10] (1) ihr Onkel, ihres Onkels, ihrem Onkel, ihren Onkel — (2) unsere Wahrheit, unserer Wahrheit, unserer Wahrheit, unsere Wahrheit — (3) euer Haus, eures Hauses, eurem Haus, euer Haus — (4) sein Geld, seines Geldes, seinem Geld, sein Geld — (5) dein Mann, deines Mannes, deinem Mann, deinen Mann

第6回定期試験

[1] 同尾式，E式，R式，N式の4種。

[2] (1) die Präsidenten [プレズィデンテン]
(2) die Wahrheiten [ヴァールハイテン]
(3) die Freunde [フロインデ]
(4) die Bäume [ボイメ]
(5) die Männer [メッナー]
(6) die Menschen [メンシェン]
(7) die Bücher [ビューヒャー]
(8) die Inseln [インゼルン]
(9) die Mütter [ミュッター]
(10) die Väter [フェーター]
(11) die Kinder [キンダー]
(12) die Töchter [テヒター]

(13) die Schwestern [シュヴェスターン]
(14) die Brüder [ブリューダー]
(15) die Wagen [ヴァーゲン]
(16) die Wörter [ヴェルター]
die Worte [ヴォルテ]
(17) die Zimmer [ツィンマー]
(18) die Länder [レンダー]
(19) die Häuser [ホイザー]
(20) die Mädchen [メートヒェン]
(21) die Städte [シュテーテ]
または [シュテッテ]
(22) die Frauen [フラオエン]
(23) die Sonnen [ゾンネン]
(24) die Wohnungen [ヴォーヌンゲン]
(25) die Damen [ダーメン]
(26) die Studenten [シュトゥデンテン]
(27) die Diamanten [ディアマンテン]
(28) die Geschichten [ゲシヒテン]
(29) die Fenster [フェンスター]
(30) die Chinesen [ヒネーゼン]

[3] (1) die Gärten [ゲルテン]
(2) die Lehrer [レーラー]
(3) die Hände [ヘンデ]
(4) die Pferde [プフェーアデ]
(5) die Lieder [リーダー]
(6) die Wälder [ヴェルダー]
(7) die Bauern [バオアーン]
(8) die Nachbarn [ナハバールン]
(9) die Uhren [ウーレン]
(10) die Äpfel [エップフェル]

[4] die, der, den, die

[5] 1・2・4格は原形のまま, ただ3格のみに n が付く。ただし原形が n で終るときは各格同形になる。

[6] (1) I diese Väter
II dieser Väter
III diesen Vätern
IV diese Väter
(2) I jene Lehrer
II jener Lehrer
III jenen Lehrern
IV jene Lehrer
(3) I meine Hunde
II meiner Hunde
III meinen Hunden
IV meine Hunde
(4) I seine Uhren
II seiner Uhren
III seinen Uhren
IV seine Uhren
(5) I deine Lieder
II deiner Lieder
III deinen Liedern
IV deine Lieder
(6) I Ihre Eltern
II Ihrer Eltern
III Ihren Eltern
IV Ihre Eltern
(7) I ihre Äpfel
II ihrer Äpfel
III ihren Äpfeln
IV ihre Äpfel
(8) I ihre Bücher
II ihrer Bücher
III ihren Büchern
IV ihre Bücher
(9) I unsere Hände
II unserer Hände
III unseren Händen
IV unsere Hände
(10) I eure Nachbarn
II eurer Nachbarn

III　euren Nachbarn
IV　eure Nachbarn

[7] Lieder（冠詞なし）

[8] Die Äpfel sind auf meiner Hand.「リンゴが私の手の上にある」または: Die Äpfel sind auf meinen Händen.

[9] Diese Hunde gehören deinen Nachbarn.「これらの犬は君の隣人達に属する」。または... deinem Nachbar と単数にするかのいずれかである。

[10] 必ず N 式の複数を持つ。

第 7 回 定 期 試 験

[1] 不定形 warten「待つ」

ich warte	wir warten
du wartest	ihr wartet
er wartet	sie warten

[2] 不定形 schmeicheln

ich schmeich[e]le	wir schmeicheln
du schmeichelst	ihr schmeichelt
er schmeichelt	sie schmeicheln

[3] 単数の 2 人称 (du) と 3 人称 (er) とにおいて起こる。

[4] まず第 1 は e が i に変ずるもの，たとえば sprechen「話す」: ich spreche, du sprichst, er spricht, wir sprechen, ihr sprecht, sie sprechen。その次は a を ä に変ずるもの，たとえば fallen「落ちる」: ich falle, du fällst, er fällt, wir fallen, ihr fallt, sie fallen。

[5] Ich gebe meiner Schwester ein Buch.「私は私の姉[妹]に 1 冊の本を与える」。

[6] Mein Bruder schläft in seinem Zimmer.「私の兄[弟]は自分の部屋で寝る」。

[7] Mein Vater spricht ein Wort mit seinem Bruder.「私の父は彼の兄弟と一言話している」。

[8] Ein Apfel fällt von dem Baum (または vom Baum).「1 個のリンゴが木から落ちる」。

[9] Ein Student ißt einen Apfel.

[10] Ein Auto fährt auf der Straße.

[11] Dieser Junge hilft keinem Menschen.

第 8 回 定 期 試 験

[1] (1) Er sagt, daß in diesem Wald ein Löwe wohnt.「彼はこの森の中に 1 頭のライオンが住んでいると言う」。—(2) Er sagt, daß sein Nachbar keinen Menschen liebt.「彼は彼の隣人はだれをも愛さないと言う」。—(3) Er sagt, daß der Fisch nur im Wasser lebt.「彼は魚はただ水中でのみ生きると言う」。—(4) Er sagt, daß die Hunde unter den Bäumen stehen.「彼は犬達が木々の下に立っていると言う」。—(5) Er

sagt, daß der Lehrer seinen Schülern dankt.「彼は先生が自分の生徒達に感謝すると言う」。

[2] (1) Daß er kein Geld hat, das weißt du.「彼がお金を持っていないということを君は知っている」。—(2) Daß sie die Tochter jenes Mannes ist, das glauben die Leute.「彼女があの男の娘であることは，それは人々の信ずるところである」。—(3) Daß der Lehrer jeden Schüler kennt, das glauben die Eltern.「先生がどの生徒をも知っているということを親達は信じている」。—(4) Wenn du suchst, dann findest du.「お前は探せば発見する」。—(5) Obgleich ich nicht zu Hause bin, geht meine Frau nicht aus dem Haus.「私が留守であるにもかかわらず，私の妻は家から出て行かない」。留守にすると出て行くくせのある細君なのでしょう。—(6) Ob mein Sohn noch schläft, weiß ich nicht.「私の息子がまだ眠っているかどうかは私は知らない」。

[3] (1) Ich gehe aus dem Zimmer, wenn du hier rauchst.「君がここでタバコを吸うなら，おれは部屋を出て行くよ」。—(2) Ihr Vater weiß noch nicht, daß Sie oft trinken.「あなたが度々お飲みになるという事は，あなたのお父さんはまだ御存知ありません」。—(3) Er liest keine Bücher, obgleich er Student ist.「あいつは学生であるのに，本はちっとも読まない」。

[4] Der Vater ist zu Hause, denn sein Hut liegt auf seinem Tisch.「お父さんはうちにいる，だってお父さんの帽子がお父さんの机の上に置いてあるから」。

[5] 訳:「私の友達は時計を自分の手の中に持っている」。die Uhr を先置すれば Die Uhr hält mein Freund in seiner Hand.

単 語 集

Monate *pl* 月名
Wochentage *pl* 曜日
Vier Jahreszeiten *pl* 四季
Richtungen *pl* 方角
Datum 日付
Zeit 時間
Weltall 宇宙
Erdoberfläche 地形
Bäume und Blumen *pl* 樹木及び草花
Tiere *pl* 獣類
Vögel *pl* 鳥類
Mineralien *pl* 鉱物
Farbe 色彩
Menschlicher Körper 人体
Haus 家
Möbel *pl* 家具
Kleidungsstücke *pl* 衣類
Lesestoff 読物
Länder *pl* 国々
Städte *pl* 都市

Monate 月名

Januar *m*	1 月	Februar *m*	2 月	März *m*	3 月
April *m*	4 月	Mai *m*	5 月	Juni *m*	6 月
Juli *m*	7 月	August *m*	8 月	September *m*	9 月
Oktober *m*	10 月	November *m*	11 月	Dezember *m*	12 月

Sonntag *m*	日曜	Montag *m*	月曜	Dienstag *m*	火曜
Mittwoch *m*	水曜	Donnerstag *m*	木曜	Freitag *m*	金曜

Samstag（*od.* Sonnabend）*m* 土曜

Vier Jahreszeiten 四季

Frühling *m* 春　Sommer *m* 夏　Herbst *m* 秋　Winter *m* 冬

Richtungen 方角

Ost[en] *m* 東　West[en] *m* 西　Süd[en] *m* 南　Nord[en] *m* 北

Nordost[en] *m* 北東　Nordwest[en] *m* 北西

Südost[en] *m* 南東　Südwest[en] *m* 南西

Datum 日付

der erste 1 日　der zweite 2 日　der dritte 3 日　der vierte 4 日

der erste Januar 1 月 1 日　20. April (der zwanzigste April) 4 月 20 日

Tokyo den 25. 2. 1982 (手紙に用いる)(Tokyo den fünfundzwanzigsten

Februar neunzehnhundertzweiundachtzig)

Zeit 時間

Stunde *f* 時間　Uhr *f* 時　Minute *f* 分　Sekunde *f* 秒

eine Viertelstunde 15分　eine halbe Stunde 30分

die Nacht hindurch 終夜　den ganzen Tag 終日

Tagesanbruch *m*	夜明	Morgen *m*	朝	Vormittag *m*	午前
Mittag *m*	正午	Nachmittag *m*	午後	Dämmerung *f*	夕暮
Abend *m*	晩	Nacht *f*	夜	Mitternacht *f*	夜半
vorgestern	一昨日	gestern	昨日	heute	今日
morgen	明日	übermorgen	明後日		

vorm. (vormittags)	午前	nachm. (nachmittags)	午後
gegen vier Uhr	4時頃	um fünf Uhr	5時に
Viertel nach zwei	2時15分	Viertel vor sieben	6時45分
halb sechs	5時半		

Weltall 宇宙

Himmel *m*	天，空	Natur *f*	自然	Luft *f*	空気
Sonne *f*	太陽	Mond *m*	月	Stern *m*	星
Wetter *n*	天気	Regen *m*	雨	Schnee *m*	雪
Hagel *m*	霰	Nebel *m*	霧	Gewitter *n*	雷雨
Tau *m*	露	Frost *m*	霜	Eis *n*	氷
Wolke *f*	雲	Strahl *m*	光線		

Sonnenaufgang *m* 日の出　Sonnenuntergang *m* 日没

Mondaufgang *m* 月の出

Erdoberfläche 地形

Quelle *f*	水源	Fluß *m*	河	Bach *m*	小川
Nebenfluß *m*	支流	Strom *m*	大河	Mündung *f*	河口
See *f*	海	Meer *n*	海	Ozean *m*	大洋
Küste *f*	海岸	Insel *f*	島	Teich *m*	池
Deich *m*	堤	Feld *n*	野	Ebene *f*	平原
Hügel *m*	丘	Wald *m*	森	Berg *m*	山
Gebirge *n*	連山	Tal *n*	谷	Felsen *m*	岩
Stein *m*	石	Sand *m*	砂	Bergkette *f*	山脈
See *m*	湖				

Bäume und Blumen 樹木及び草花

Stamm *m*	幹	Zweig *m*	枝	Wurzel *f*	根
Blatt *n*	葉	Stengel *m*	茎	Knospe *f*	蕾
Blüte *f*	花	Blume *f*	草花	Baum *m*	木
Gras *n*	草	Kirschbaum *m*	桜	Kieferbaum *m*	松
Tannenbaum *m*	樅	Lindenbaum *m*	菩提樹	Rose *f*	バラ
Lilie *f*	百合	Veilchen *n*	すみれ	Narzisse *f*	水仙

Tiere 獣類

Katze *f*	猫	Hund *m*	犬	Kuh *f*	牝牛	Ochs *m*	牡牛
Schaf *n*	羊	Fuchs *m*	狐	Hase *m*	兎	Pferd *n*	馬
Löwe *m*	ライオン	Wolf *m*	狼	Tiger *m*	虎	Bär *m*	熊
Ziege *f*	山羊	Elefant *m*	象				

Vögel 鳥類

Sperling *m*	雀	Schwalbe *f*	燕	Kranich *m*	鶴
Krähe *f*	烏	Adler *m*	鷲	Papagei *m*	おうむ
Henne *f*	雌鶏	Hahn *m*	雄鶏	Gans *f*	鵞鳥
Nachtigall *f*	ナイチンゲール				

Mineralien 鉱物

Metall *n*	金属	Gold *n*	金	Silber *n*	銀
Eisen *n*	鉄	Kupfer *n*	銅	Blei *n*	鉛
Quecksilber *n*	水銀	Diamant *m*	ダイヤモンド	Perle *f*	真珠
Kristall *m*	水晶				

Farbe 色彩

weiß	白い	gelb	黄色の	orange	オレンジ色の
golden	金色の	silbern	銀色の	grau	灰色の
braun	褐色の	grün	緑色の	blau	青色の
violett	すみれ色の	rot	赤い	schwarz	黒い
lila	薄紫色の(無変化)	rosa	ピンクの(無変化)		

Menschlicher Körper 人体

Haar *n*	毛髪	Gesicht *n*	顔	Ohr *n*	耳	Auge *n*	目
Augenbraue *f*	眉	Mund *m*	口	Lippe *f*	唇	Backe *f*	頬
Hals *m*	頸	Rücken *m*	背	Hand *f*	手	Arm *m*	腕
Finger *m*	指	Nagel *m*	爪	Fuß *m*	足	Zunge *f*	舌

Zahn *m*	歯	Stirn *f*	額	Kopf *m*	頭	Bauch *m*	腹
Knie *n*	膝	Herz *n*	心臓	Lunge *f*	肺	Magen *m*	胃
Darm *m*	腸	Bein *n*	骨，脚				

Haus 家

Dach *n*	屋根	Zimmer *n*	部屋	Stube *f*	部屋
Schlafzimmer *n*	寝室	Eßzimmer *n*	食堂	Wohnzimmer *n*	居間
Salon *m*	客間	Badezimmer *n*	浴室	Arbeitszimmer *n*	書斎
Küche *f*	台所	Tür *f*	戸	Tor *n*	門
Fenster *n*	窓	Wand *f*	壁	oben	2階
das zweite Stock	3階	Saal *m*	広間		

Möbel 家具

Tisch *m*	机	Schreibtisch *m*	書き物机	Eßtisch *m*	食卓
Bett *n*	寝台	Bücherschrank *m*	本箱	Ofen *m*	ストーブ
Stuhl *m*	椅子	Regal *n*	本棚	Vorhang *m*	カーテン
Bank *f*	腰掛	Teppich *m*	絨毯	Spiegel *m*	鏡
Sofa *n*	長椅子，ソファー				

Kleidungsstücke 衣類

Anzug *m*	衣類	Kragen *m*	カラー	Sporthemd *n*	ポロシャツ
Weste *f*	チョッキ	Halstuch *n*	襟巻	Handschuh *m*	手袋
Hose *f*	ズボン	Hut *m*	帽子	Krawatte *f*	ネクタイ
Hemd *n*	シャツ	Socke *f*	靴下	Mantel *m*	オーバー
Unterwäsche *f*	下着	Strumpf *m*	ストッキング		
				Regenmantel *m*	レインコート

Lesestoff 読物

Buch *n*	本，書物	Schulbuch *n*	教科書	Roman *m*	長篇小説
Zeitung *f*	新聞	Lesebuch *n*	読本	Novelle *f*	短篇小説
Büchlein *n*	小冊子，パンフレット			Nachschlagebuch *n*	参考書
Monat[s]schrift *f*	月刊雑誌			Zeitschrift *f*	雑誌，定期刊行物

Länder（国家）

Europa	ヨーロッパ	Afrika	アフリカ	Asien	アジア
Amerika	アメリカ	Australien	濠州	England	英国
Frankreich	フランス	Deutschland	ドイツ	Spanien	スペイン
Portugal	ポルトガル	Italien	イタリア	die Türkei	トルコ
die Schweiz	スイス	Rußland	ロシヤ	Belgien	ベルギー
Schweden	スエーデン	Japan	日本	China	中国
Korea	朝鮮	Indien	インド		

die Vereinigten Staaten von Amerika アメリカ合衆国

Städte（都市）

Washington	ワシントン	Bonn	ボン	Berlin	ベルリン
Hamburg	ハンブルク	Paris	パリ	London	ロンドン
New York	ニューヨーク	Rom	ローマ	Wien	ウイーン
Madrid	マドリッド	Kairo	カイロ	Lissabon	リスボン
Leipzig	ライプチッヒ	Stuttgart	シュトゥットガルト		

Tokyo (*od.* Tokio) 東京

△本当に語學を物にしようと思つたら、或種の悲壮な決心を固めなくつちやあ到底駄目ですね。まづ友達と絶交する、その次には嬶アの横つ面を張り飛ばす、その次には書斎の扉に鍵をかける。書斎の無い人は、心の扉に鍵を掛ける。その方が徹底します。

△意地は汚いほど宜しい、諦めは悪いほど結構、凝り性で、業慾で、因業で、頑瞑で、意地つ張りで、人に負けるのが大嫌ひで、野心家で、下品で、交際憎くて、可愛げがなくて、『こんな奴と同居したら嘸面白くなからう』と云つたような性格……私はそんなのを尊びます。かう云ふ一面を持たうと欲しない人は、本當に勉強はよしたが好い。殊に語學は。殊にドイツ語は。

△勿論人に好かれない事は覚悟の前でなければなりませんよ。人に好かれてどうなるものですか。人にだけは好かれない方がよろしい。そんな量見だけは決して起こす可からずです。餘計なことですからね、『人に好かれる』なんて、人に好かれるやうな暇があつたら、その暇にしなければならない事はいくらでもあります。

（関口存男「語學をやる覺悟」より）

荒木茂雄・真鍋良一・藤田栄 編

関口存男の生涯と業績(POD版)

ISBN978-4-384-70118-0

A5判並製542頁

本体9,800円+税

現代においてこそさらなる威力を放つ、
アフォリズムに満ちた名エッセイの数々……。
そして、関口家の人々や旧知の知人、門下生ら
総勢70名超が語るエピソードから明らかにされる
語学の哲人・関口存男の全貌———。

三修社